JN224760

要点解説 令和時代の**相続法**

弁護士 **菊池捷男**

はじめに

改正相続法の施行

　平成30年7月6日　民法第5編　相続　（以下、「相続法」といいます。）が大きく改正され、改正相続法は、元号が代わった令和元年7月1日から施行されました（ただし、配偶者居住権及び配偶者短期居住権に関する規定は、令和2年4月1日から）。

　そこで、私は、この改正を踏まえた相続法を、分かりやすく、要点を絞って、簡潔に、解説すべく、本書を出版するしだいです。

　改正法は、①時代のニーズに応えて新しい制度を設けたもの、②判例を条文にしたもの、③意味を誤解させた条文の文を改めたもの、などからなっていますので、一般の人も、条文を読むだけで、相当程度理解ができるようになっています。

条文を読む（木を見る）

　これが、法律を理解する上で、最も近い道です。特に、民法第5編にまとめられた相続法は、民法第1編の総則、第2編の物権、第3編の債権と違って、字句は難解ではなく平易ですので、一読するとよいと思います。

法の大系を知る（森を見る）

　ところで、民法は、最も基本の法典であるにもかかわらず、その第5編に書かれた相続法くらい、一般の人に読まれていない法律はないのではないかと思います。

　弁護士であっても、相続法の全条文を通読（専門書の通読を含む。）した人は、意外に少ないのではないかと思います。

私がそう思う理由は、改正前の民法1015条が「遺言執行者は、相続人の代理人とみなす。」という文で綴られていたことを根拠に、遺言執行者を相続人の代理人であるとする謬説（間違った説。ここでは間違った遺言執行者観）が、弁護士の世界から生まれ、遺言執行者実務を、少なからず混乱させてきたからです（159ページ参照）。

　平成30年になされた相続法の改正では、改正前の民法1015条の文は、誤解を招くという理由で、すべて削除され、新たに「遺言執行者がその権限内において遺言執行者であることを示してした行為は、相続人に対して直接にその効力を生ずる。」という文に置き換えられましたが、これにより、改正後は、遺言執行者を相続人の代理人であるとする謬説は、やがては消失するものと思われます。

　法は、一つの大系をなしています。個々の条文も、法大系の中で、いかなる意味を有するのかを考えて読まないと、木を見て森を見ずの弊に陥ることになりかねないのです。
　その意味で、法律を知るには、全条文を読むことが肝要です。

　本書に書いた相続法の条文と解説は、一つの読み物として、一気に読むことができると考えます。

閑話休題
<ruby>閑話休題<rt>それはともかく</rt></ruby>

本書の構成

　本書は、平成 30 年になされた改正後の相続法の章立て、節立ての順で書いていますが、条文を読むことの重要性を考え、原則として、条文をそのまま紹介して解説し、解説の必要のあるところは【補説】でさらに詳しく解説するというスタイルで構成しました。

　それでも本書で引用する条文を、難解だと思う読者は、著者の書いた解説を先に読まれると、条文の内容がよく理解できると思います。

条文の表記について

　本書に書いた相続法の条文については、編集の上から、次のような表記をしております。

・条文の中の、平成 30 年に改正されたところは、改正前の知識や理解を持っている読者には一擲（放り捨てること）が求められるところですので、改正された条文は、注意的に青色で表示しております。

・相続法の条文は縦書きのものですが、本書ではこれを横書きにした関係で、条と項は漢数字を算用数字に直し、号は漢数字を①から⑤までの記号で表示しています。

・他の条文を準用している規定では、準用された条文の内容の説明を注記しています。

判例の引用について

　法律を真に理解するには判例の知識は欠かせません。ここで判例とは、最高裁判所が下した判決または決定の中に示された法解釈論のことです。

　本書では、次の点を考慮した判例の引用をしています。

・長文にわたる判例の引用は、かえって判例の言わんとするところが分かりにくくなるところから、判例のさわりの部分の引用にとどめ、省略した文節は……で表示しています。

・しかし、判例の基本的な考えを示す部分はそのまま引用し、さわりの部分には下線を引くなど読者の理解に便ならしむべくしています。

・また、判例を表示する場合、正しくは、最高裁判所と書くところは「最高裁」と書き、大法廷判決は判例変更をする重要な判決ですので「大法廷」と表示し、あとは「判決」か「決定」かの別と裁判が言い渡された年月日を書くにとどめております。

　　2019 年（令和元年）7 月 1 日

　　　　　　　　　　　　　　　　　　　弁護士　菊池捷男

なお、相続法の章立てと節立ては、次のようになっています。

目次

第3章　相続の効力

第1節　総則

第4章　相続の承認及び放棄

第8章　配偶者の居住の権利

第9章　遺留分

第10章　特別の寄与

特筆コラム

改正法は、日弁連の遺言執行者観を完全否定
～日弁連・千年の光と十有余年の闇～

1 待望久しかった民法1015条の改正

2 遺言執行者を、遺留分権利者（相続人）の代理人だという日弁連・懲戒委員会議決

3 日弁連・総会、13年議決の論点①と②を明確に否定

　　(1) ①と②の論点についての日弁連・総会決議に見られる弁護士の総意

　　(2) 遺言執行の内容に裁量の余地がある場合とない場合の意味

　　(3) 新規程の解釈を13年議決事件に適用すると

4 遺言執行者を、遺言無効訴訟を起こした相続人の代理人だという日弁連・懲戒委員会18年議決

5 遺言執行者を、相続人廃除の対象になった相続人の代理人だという21年議決

6 法律論とは言えない法律論を唱えた日弁連・懲戒委員会議決

7 学説や判例のいう遺言執行者観

　　(1) 学説の説くところ

　　(2) 判例の説くところ

8 日弁連・懲戒委員会議決が引き起こした遺言執行者実務の混乱

9 日弁連千年の光と十有余年の闇

第 1 章

総 則

1 相続開始の原因

（相続開始の原因）

第882条 相続は、死亡によって開始する。

相続開始の原因は、人の死亡だけですが、人の死亡の中には、失踪宣告があります。

1-1 失踪宣告

失踪宣告は、

①人がそれまでの居所を離れ不在者になり、その生死が7年間明らかでない場合になされる普通失踪宣告と、

②沈没した船舶に在った者など、危難に遭遇した者が危難が去った後1年間生死が明らかでない場合になされる特別失踪宣告がありますが、

①の場合は7年の期間が満了した時に、②の場合は危難が去った時に、それぞれ死亡したものとみなされます（民法30条、31条）。

1-2 同時死亡

親子が、同一の不慮の事故で死亡したが、いずれが先に死亡したかが分からないような場合は、同時に死亡したものと推定され、この場合は、お互いに、他方の相続人にはなりません（民法32条の2）。

2 相続開始の場所

条文

（相続開始の場所）

　第883条　相続は、被相続人の住所において開始する。

　被相続人の住所は、相続事件の裁判管轄を決定する基準になりますので、総則の章に規定されています。

補説

2-1　家事事件手続法の裁判管轄

　家事事件手続法は、家事審判法を廃止した上で制定され平成28年から施行されている、家事審判および家事調停に関する法律ですが、同法では、推定相続人の廃除などの審判事件の管轄裁判所はすべて、被相続人存命中に申し立てられた事件にあっては被相続人の住所を、また、被相続人の死亡後に申し立てられた事件にあっては相続が開始した地を、それぞれ管轄する家庭裁判所が管轄裁判所とされています。

　本条は、被相続人の住所＝相続開始地と定めていますので、家裁が行う審判事件は、ほとんどの場合、被相続人の生前最後の住所地を管轄する家裁が管轄することになります。

3 相続回復請求権

（相続回復請求権）

第884条 相続回復の請求権は、相続人又はその法定代理人が相続権を侵害された事実を知った時から5年間行使しないときは、時効によって消滅する。相続開始の時から20年を経過したときも、同様とする。

本条は、虚偽の出生届がなされたことにより、真の相続人でない者が財産の相続をする場合のあることを前提に、その場合になしうる、真の相続人の相続回復の権利の行使に、一定の消滅時効期間を設けた規定です。

その消滅時効期間は、相続権の侵害を知った時から5年間で、知らなくても20年間としたのです。

補説

3-1 本条のミソは、被告となる者に、消滅時効の利益を与えたところにあり

真正な相続人が、相続の権利を取り戻すために、外形上の相続人になった戸籍上の子に対し、訴訟を起こす場合、多くは、自身が真の遺産の所有者であるという理由で、所有権に基づく訴訟を起こすことになりますが、法の格言にも、"所有権に時効消滅なし"という言葉があるように、所有権が時効で消滅することはありません。また、訴訟としては、被相続人と戸籍上の子との間に親子関係がないことの確認を求める訴訟にな

る場合もありますが、この訴訟上の権利も時効で消滅することはありません。

　しかし、これでは、真の相続人が相続権を回復するための訴訟は、長い期間にわたって起こしうることになってしまい、法秩序の安定を害します。

　そこで、真の相続人からする相続権回復のための訴訟の提起に、消滅時効の制度を採り入れる必要があるとして、本条が設けられたのです。

　なお、相続回復請求権は、独立した単一の権利ではなく、所有権に基づく引渡請求権、親子関係不存在確認などの権利の束だと考える「集合権利説」と、相続回復請求権はそれ自体が独立した権利だとする「独立権利説」とがありますが、いずれの説によっても消滅時効の援用ができる点において、差はありません。

3-2　相続回復請求権を行使できる者の範囲と判例

　相続回復請求権は、子の出生届が無効になれば、真正な相続人になる次順位の相続人（直系尊属または兄弟姉妹）からの相続権の回復のための訴訟に、適用されることに争いはありません。

　同順位の相続人の場合にも、本条が適用できるかについて争いがありましたが、昭和53年の最高裁判決（判例）で、同順位の相続人の場合にも、被告となる者に、消滅時効を援用する利益を与える必要があるところから、本条が適用できるとされ、この争いに終止符が打たれました。

「判例が出され、争いに終止符が打たれた」という意味

・判例とは、最高裁判所が下した法解釈のことをいいます。判例が

出されますと、その法解釈論は、下級審のみならず最高裁判所の裁判を拘束しますので、以後、判例に反する法解釈はできないことになります。それゆえ、判例は、争い（法解釈を巡る学説の争いや下級審の裁判が区々に分かれること）に終止符を打つ役割を演じることになるのです。

・なお、最高裁判例の変更は、最高裁の大法廷での裁判（判決又は決定）でしかできません。

4 相続財産に関する費用

（相続財産に関する費用）

第885条 相続財産に関する費用は、その財産の中から支弁する。ただし、相続人の過失によるものは、この限りでない。

本条本文は、相続財産に関する費用は、相続人に負担させず、相続財産で賄えという規定ですが、ただし書は、相続人の過失によって生じた費用は、その過失ある相続人が負担すべきであるという規定です。

補説

4-1 相続財産に関する費用の意味

相続財産とは、被相続人が死亡した時点、すなわち相続開始時に、あった財産のことで、遺産とは同義語になっています。

相続財産は、相続人が数人あるときは、その共有に属することになり

ますので（898）、相続人はその財産を固有財産におけるのと同一の注意をもって管理しなければならず（918）、それには費用がかかります。

　そこで、相続財産に関する費用は、その財産の中から支弁すると定められているのです（885）。

●参照条文

> **（共同相続の効力）**
> 　**第898条**　相続人が数人あるときは、相続財産は、その共有に属する。
> **（相続財産の管理）**
> 　**第918条**　相続人は、その固有財産におけるのと同一の注意をもって、相続財産を管理しなければならない。ただし、相続の承認又は放棄をしたときは、この限りでない。

4-2　相続人には相続財産に関する費用を支払う固有の義務はない

　ですから、注意すべきことは、相続人には、相続財産に関する費用を負担する義務はないということです。

　実務では、遺産である不動産に修理が必要だとして、それに要する修理代を、他の相続人に分担するよう要求する相続人が現れることがありますが、相続人には、相続人固有の義務として、修理費用など、相続財産の管理に必要な費用の分担義務はないのです。

　ただし、他の法律で相続人が負担すべきものとされた費用（例：固定資産税）は、相続財産から捻出しないとき、相続人にかかってきます。

　相続人に固有の費用負担義務（相続財産に関する費用の負担義務）はないとはいえ、相続開始後から遺産分割までの間に発生した費用は、現

実には、特定の相続人が一時的に負担することになるでしょう。

その場合、その費用は、相続財産の中から返還されるべきことになるのです。

無論、相続人全員が同意をして、自らのお金でもって、費用を分担することは問題ありません。ただ、相続人にその負担を強制することはできないのです。

4-3 相続財産に関する費用の中身

では、ここでいう「相続財産に関する費用」というのは何かといいますと、固定資産税、地代、家賃、上下水道料金、電気料金や火災保険料などと解されています。

不動産の修理費用は微妙な問題を含むと思われます。

当該不動産に居住して、やがては当該不動産を遺産分割で取得することを希望する相続人にとっては、修理を必要とする事情があっても、他の相続人にはその必要を感じないというような場合は、その修理費用を、相続財産の中から支弁すること自体難しいものになると思われます。

4-4 相続財産に関する費用ではないもの

なお、いうまでもないことですが、葬儀費用や法事に要する費用、それに相続税は、ここでいう相続財産に関する費用ではありません。

葬儀費用は、葬儀の内容（規模・喪主の社会的地位など）や、会葬者の属性などによって、喪主が負担すべきもの（喪主に一定以上の社会的地位があって、盛大な葬儀を行うような場合は喪主負担）と相続人全員が負担するもの（少人数で行う家族葬の場合）があると考えられます。

審判例、学説にも、諸説あります。

特記 **相続財産ではない財産**

相続財産と間違えやすい財産があります。

次の財産など、相続財産ではない財産です。

①生命保険金

これは、受取人に指定された者の固有の財産です（最高裁平成14年11月5日判決）。

②死亡退職金

これは、会社の退職金規程によって受取人と定められた者固有の財産になります（最高裁昭和60年1月31日判決）。ですから、相続人ではない内縁の妻が受取人になる場合もあります。

③弔慰金も死亡退職金と同じです。

④国民年金法19条に規定された「年金給付の受給権者が死亡した場合において、その死亡した者に支給すべきであった年金給付でまだその者に支給しなかったもの」も、相続財産ではなく、それは「その者の死亡の当時その者と生計を同じくしていた者」固有の財産とされています（最高裁平成7年11月17日判決）。

相続人が、相続放棄をしても、これら相続財産ではない財産を受け取る権利があります。

第 2 章

相続人

1 胎児の権利能力

（相続に関する胎児の権利能力）

第886条 胎児は、相続については、既に生まれたものとみなす。

2 前項の規定は、胎児が死体で生まれたときは，適用しない。

胎児とは、相続開始時において、母の胎内に懐胎されているが、まだ出生していない者をいいます。

本条は、胎児にも相続権を認めた規定です。

補説

1-1 二つの見解の対立

胎児の相続権は、生きて生まれることを停止条件（効力発生条件）として、生きて生まれた時に発生するのか、死体として生まれることを解除条件（効力消滅条件）として、相続開始の時に発生するのかという議論があります。

前者の見解では、胎児の間は権利が顕在化しないため、胎児の法定代理人は認められませんが、後者の見解では、胎児は母を法定代理人にして遺産分割にあずかりうることになります。

この規定は、実際問題として、あまり適用例はないようです。

2 子及びその代襲相続人の相続権

（子及びその代襲者等の相続権）

第 887 条　被相続人の子は、相続人となる。

2　被相続人の子が、相続の開始以前に死亡したとき、又は第 891 条の規定に該当し、若しくは廃除によって、その相続権を失ったときは、その者の子がこれを代襲して相続人となる。ただし、被相続人の直系卑属でない者は、この限りでない。

3　前項の規定は、代襲者が、相続の開始以前に死亡し、又は第 891 条の規定に該当し、若しくは廃除によって、その代襲相続権を失った場合について準用する。

1 項

相続人の第 1 順位者を、子とする規定です。

2 項

本項は、第 1 順位の子に代襲相続を認める規定です。

代襲原因は、相続人が、

①相続開始以前に死亡したとき、

②第 891 条の相続人欠格事由があるとき、

③推定相続人を廃除されたとき

ですが、代襲者は、被相続人からみて直系卑属（孫）でなければなりません。

3 項

本項は、第 1 順位の子につき、再代襲相続を認める規定です。

子にも孫にも代襲原因があれば、ひ孫が相続人（代襲相続人）になるのです。

　なお、相続放棄は、代襲相続の原因にはなりません。

2-1　代襲相続の意味

　代襲とは、相続人の子が、相続人の地位を襲うという意味の言葉ですが、ここでいう「襲う」は、襲名披露などと同じく、「地位を引き継ぐ」という意味になります。

　要は、代襲相続とは、本来の相続人が相続人になりえないため、その子が父や母の後を襲って相続人になることです。

3　直系尊属及び兄弟姉妹の相続権

条文

（直系尊属及び兄弟姉妹の相続権）

第889条　次に掲げる者は、第887条の規定により相続人となるべき者がない場合には、次に掲げる順序の順位に従って相続人となる。

①被相続人の直系尊属。ただし、親等の異なる者の間では、その近い者を先にする。

②被相続人の兄弟姉妹

2　第887条第2項の規定は、前項第2号の場合について準用する。

1項

　子も孫もひ孫もいない場合は、被相続人の直系尊属（父母や祖父母）が第2位の相続人になり、直系尊属もいない場合は、第3位の兄弟姉妹が相続人になります。

2項

　本項は、兄弟姉妹の子（甥・姪）が代襲相続人になる規定です。

　再代襲を定めた第887条第3項は準用されていませんので、兄弟姉妹が相続人になる場合は、再代襲はありません。

補説

3-1　直系尊属が相続人になる場合、「親等の異なる者の間では、その近い者を先にする」という意味

　第889条第1項第2号には、第2位の相続人として「被相続人の直系尊属。ただし、親等の異なる者の間では、その近い者を先にする。」と定めています。

　ここで直系尊属とは、父母や祖父母のことですが、父母は親族第1親等になり、祖父母は親族第2親等になります。

　ですから、前記した法条によりますと、第2位の直系尊属が相続人になる場合、例えば母と亡父の祖父母がいるというときは、母は1親等で、亡父の祖父母は2親等ですので、母のみが相続人になります。

3-2　第三順位者である兄弟姉妹については、法は、再代襲は認めていない

　実は、昭和55年に改正されるまでの相続法では、兄弟姉妹が相続人になる場合も、再代襲を認めていました（第889条第2項は、「第887

条第2項及び第3項の規定は、前項第2号の場合について準用する。」と規定）が、その年の改正で、相続人の範囲をいたずらに広げるべきではないとの反省から、昭和56年1月1日以後開始する相続については、甥や姪の子の再代襲は認めなくしたのです。

　ですから、何代も前の不動産の名義人から現在の相続人を調査する場合で、昭和55年12月31日以前に亡くなった人がいるときは、相続人の範囲を甥や姪の子まで広げて調査しなければなりません。

4　配偶者の相続権

（配偶者の相続権）
　第890条　被相続人の配偶者は、常に相続人となる。この場合において、第887条（著者注：子が相続人になる場合）又は前条の規定により相続人となるべき者（著者注：直系尊属または兄弟姉妹）があるときは、その者と同順位とする。

配偶者は常に相続人になります。

　子が相続人になる場合は子と、直系尊属が相続人になる場合は直系尊属と、兄弟姉妹が相続人になる場合は兄弟姉妹と、同じ順位で相続人になります。

 補説

4-1　法律上の配偶者に限られる

　配偶者は、法律上の配偶者でなければなりません。

つまり、内縁の配偶者は、相続人にはなりません。

　内縁の配偶者を相続人にすると、内縁の配偶者かどうかの争いが生じ、円滑な相続を疎外してしまいますので、それを避けるためにも、内縁の配偶者を相続人にする制度は受け入れがたいものなのでしょう。

5　相続人の欠格事由

（相続人の欠格事由）

第891条　次に掲げる者は、相続人となることができない。

①故意に被相続人又は相続について先順位若しくは同順位にある者を死亡するに至らせ、又は至らせようとしたために、刑に処せられた者

②相続人の殺害されたことを知って、これを告発せず、又は告訴しなかった者。ただし、その者に是非の弁別がないとき、又は殺害者が自己の配偶者若しくは直系血族であったときは、この限りでない。

③詐欺又は強迫によって、被相続人が相続に関する遺言をし、撤回し、取り消し、又は変更することを妨げた者

④詐欺又は強迫によって、被相続人に相続に関する遺言をさせ、撤回させ、取り消させ、又は変更させた者

⑤相続に関する被相続人の遺言書を偽造し、変造し、破棄し、又は隠匿した者

　相続人に、本条1号から5号までの欠格事由のいずれかがあると、相

続人になれません。

その場合は、代襲相続が発生することは前述しました。

①から⑤までの各号は、解説の要はないほど明確な言葉になっていますので、解説は省きます。

 補説 ....

5-1 相続人欠格者の子に代襲相続が認められる

相続人の欠格事由は、いずれも、相続人になる資格を奪わねばならないほどの理由ですが、相続人に欠格事由があるときは、その者の子が代襲相続をします。

法は、相続人（子・兄弟姉妹）に非道な行為（本条①から⑤までいずれかの行為）があっても、その子まで相続人（代襲相続人）資格を奪うことはしていません。

5-2 本条（相続人の欠格事由）を準用している規定

本条は相続人の欠格事由を定める規定ですが、この規定は受遺者（遺贈を受ける者）、配偶者居住権の相続または遺贈を受ける配偶者、それに改正相続法で創設された第10章の特別寄与者について準用されていますので、これらの者が、本条①から⑤までのいずれかの行為をしていた場合、これらの権利を受ける資格を失います。

その準用規定については、それぞれのところで解説いたします。

6 推定相続人の廃除

6-1 相続開始前の廃除請求

（推定相続人の廃除）

第892条 遺留分を有する推定相続人（相続が開始した場合に相続人となるべき者をいう。以下同じ。）が、被相続人に対して虐待をし、若しくはこれに重大な侮辱を加えたとき、又は推定相続人にその他の著しい非行があったときは、被相続人は、その推定相続人の廃除を家庭裁判所に請求することができる。

　本条は、相続開始前における、被相続人からする推定相続人の廃除請求に関する規定です。

　廃除理由は、

①被相続人への虐待

②重大な侮辱

③その他の著しい非行

　です。

補説 ....

6-1-1　相続をさせたくない子や配偶者や直系尊属

　被相続人からみて、どうしてもこの者だけには、遺産を相続させたくないという推定相続人（被相続人が亡くなるとすぐに相続人になる立場の者）はいるものです。

そこで法は、推定相続人が被相続人に対して虐待をしたり、重大な侮辱を加えたり、それ以外の著しい非行をしたときは、被相続人からその推定相続人の廃除を家庭裁判所に請求することができる道を、本条で、開いたのです。

6-1-2　推定相続人のうち第3順位の兄弟姉妹を対象外にした理由

　推定相続人の廃除は、遺留分のある推定相続人に限っています。

　遺留分を有する相続人とは、子、配偶者、直系尊属だけで、兄弟姉妹には遺留分は認められていません。

　ですから、被相続人が、兄弟姉妹の中で、遺産の相続をさせたくないと思う者がいれば、遺言書で、その者になにも与えないことにすれば、目的が達成できます。兄弟姉妹は、遺留分がないため、遺言書によってなんらの遺産ももらえないことになっても、権利の侵害はないからです。

　ですから、推定相続人の廃除は、遺留分権利者たる推定相続人に限ってなしうることにしているのです。

　すなわち、子や配偶者や直系親族の場合は、被相続人が遺言で何も与えないことにしても、これらの者は、遺留分の侵害を理由に、遺留分侵害額相当の金銭の請求ができますので、被相続人がこれらの権利も与えたくないと思う場合は、推定相続人の廃除をすることが必要になるのです。

6-1-3　本条（推定相続人の廃除）を準用している規定

　受遺者（遺贈を受ける者）、配偶者居住権の相続または遺贈を受けた配偶者、それに改正相続法で創設された第10章の特別寄与者であっても、相続人から廃除された推定相続人は、これらを受ける資格は否定されます。

6-2 遺言による推定相続人の廃除

（遺言による推定相続人の廃除）

第893条 被相続人が遺言で推定相続人を廃除する意思を表示したときは、遺言執行者は、その遺言が効力を生じた後、遅滞なく、その推定相続人の廃除を家庭裁判所に請求しなければならない。この場合において、その推定相続人の廃除は、被相続人の死亡の時にさかのぼってその効力を生ずる。

　推定相続人の廃除は、遺言でもできます。

　この場合は、相続開始後、遺言執行者が、その推定相続人の廃除を家庭裁判所に請求しなければなりません。

　家庭裁判所が、推定相続人の廃除をしたときは、当該相続人は、初めから相続人ではなかったことになりますので、それまでの間に廃除対象の相続人が得た遺産は、すべて他の相続人（又は新たな相続人）に引き渡す必要が生じることになります。

補説 ....

6-2-1 危害を加えられないでできる道

　推定相続人の廃除は、被相続人が生きている間にした方が、廃除理由を知り、それを裏付けることのできる被相続人自身が、主張立証する方が、容易であろうと思いますが、そんなことをすれば、廃除の対象になった推定相続人から、いかなる危害を加えられるかわからないという場合もあるため、法は、遺言による推定相続人の廃除請求を認めました。

6-2-2　遺言執行者は必ず、推定相続人の廃除請求をしなければならない

　遺言執行者は、遺言書に書かれたことを実現することを使命とする存在です。ですから、遺言による推定相続人の廃除請求は、遺言執行者の義務なのです。

　被相続人（遺言者）の意思の実現である遺言の執行は、遺言者の地位を承継した相続人がすべきものですが、こと推定相続人の廃除請求（他にも戸籍法による認知の届出）に関しては、相続人の利害と真っ向から対立するものだけに、相続人に推定相続人の廃除請求等ができるものではなく、また、させるべきでもないので、この遺言執行は、遺言執行者しかできないことにしたのです。

6-3　推定相続人の廃除の取消し

条文

（推定相続人の廃除の取消し）

第894条　被相続人は、いつでも、推定相続人の廃除の取消しを家庭裁判所に請求することができる。

2 前条の規定は、推定相続人の廃除の取消しについて準用する。

1項

　相続人の廃除は、家庭裁判所がその理由があることを認めたときになされますが、推定相続人の廃除の取消しは、被相続人の意思だけでできます。

2項

　推定相続人の廃除が、家庭裁判所から取り消されると、廃除の取消しの対象になった推定相続人は、初めから相続人であったことになります。

6-4 推定相続人の廃除に関する審判確定前の遺産の管理

条文

（推定相続人の廃除に関する審判確定前の遺産の管理）

第895条　推定相続人の廃除又はその取消しの請求があった後その審判が確定する前に相続が開始したときは、家庭裁判所は、親族、利害関係人又は検察官の請求によって、遺産の管理について必要な処分を命ずることができる。推定相続人の廃除の遺言があったときも、同様とする。

2　第27条から第29条までの規定（著者注：不在者管理人の職務・権限・報酬）は、前項の規定により家庭裁判所が遺産の管理人を選任した場合について準用する。

　この規定は、推定相続人が廃除されるかどうかが決まる前に、また、廃除された推定相続人が廃除の取消しがなされるかどうかが決まる前に、相続が開始した場合の規定です。

　この場合は、遺産分割をしてもそれが無効になることもある（廃除対象相続人を遺産分割に参加させた場合で廃除されたとき。または、廃除の取消の対象になった相続人を除外して遺産分割をした場合で、その後廃除の取消がなされたときなど）ことから、遺産の管理につき、格別の配慮をなしうることにしているのです。

2項は、その方法の一として、遺産の管理人を置いた場合、不在者財産管理人の規定が準用されることになります。

　本条は、実務での活用（適用事例）が極めて少ないものの一つです。

第3章

相続の効力

第1節　総則

1　相続の一般的効力

（相続の一般的効力）

第896条　相続人は、相続開始の時から、被相続人の財産に属した一切の権利義務を承継する。ただし、被相続人の一身に専属したものは、この限りでない。

本条は、相続人が、被相続人の財産に属した一切の権利義務（契約上の地位に伴うものも含めて）を包括的に承継することを定めた規定です。

それゆえ、相続のことは、「合併」と共に、「包括承継」といわれます。

ただし、被相続人だけにしか認められない権利（一身専属権）は、被相続人が亡くなると同時に消滅しますので、これは相続の対象にはなりません。

一身専属権には、例えば、扶養請求権があります。

2　祭祀に関する権利の承継

（祭祀に関する権利の承継）

第897条　系譜、祭具及び墳墓の所有権は、前条の規定にかかわらず、慣習に従って祖先の祭祀を主宰すべき者が承継する。た

だし、被相続人の指定に従って祖先の祭祀を主宰すべき者があるときは、その者が承継する。

2 前項本文の場合において慣習が明らかでないときは、同項の権利を承継すべき者は、家庭裁判所が定める。

本条は、祭祀財産は、相続の対象にはならず、祭祀の主宰者が承継することを定めた規定です。

また、祭司の主宰者は、①被相続人の指定した者、②慣習があれば慣習、③それらが明らかでない場合は家庭裁判所が指定した者がなるものと定めた規定です。

その祭祀財産には、系譜（家系図）、祭具及び墳墓の所有権が例示されています。

補説

2-1 実務の扱い

実務では、祭祀の主宰者には、長男がなることが多いのですが、家庭裁判所の審判例には、祭祀の主宰者を、後妻と先妻との長男の二人にした例や、内縁の配偶者にした例もあります。

3 共同相続の効力

（1）遺産共有

条文

（共同相続の効力）

第898条 相続人が数人あるときは、相続財産は、その共有に属する。

本条は、相続人が数人ある場合の相続にあっては、相続財産は共同相続人全員の共有に属するとする規定です。

ただし、可分債権はこの例外になります。

3-1 共同相続の意味と遺産共有

共同相続とは、相続人が数人あるときの相続をいいます。

本条は、共同相続の場合、遺産は全相続人の共有に属すると規定しています。

この共有は「遺産共有」といわれます。

民法第2編　物権　のところでいう共有は「共有物共有」といわれますが、遺産共有との違いは、共有解消の方法です。

3-2 遺産共有の解消方法

相続財産の共有（遺産共有）を、協議によらずに解消する方法は、家庭裁判所がする遺産分割の審判です（ちなみに、共有物共有の分割方法は、地方裁判所でする共有物分割訴訟や競売請求です）。

下記の判例がその理を説いています。

> 最高裁大法廷平成28年12月19日決定
>
> 　相続人が数人ある場合、各共同相続人は、相続開始の時から被

> 相続人の権利義務を承継するが、相続開始とともに共同相続人の共有に属することとなる相続財産については、<u>相続分に応じた共有関係の解消をする手続を経ることとなる（民法896条、898条、899条）</u>。そして、この場合の共有が基本的には同法249条以下に規定する共有（著者注：共有物共有のこと）と性質を異にするものでないとはいえ、この共有関係を協議によらずに解消するには、通常の共有物分割訴訟ではなく、遺産全体の価値を総合的に把握し、各共同相続人の事情を考慮して行うべく<u>特別に設けられた裁判手続である遺産分割審判（同法906条、907条2項）によるべき</u>もの……（以下略）

判例の言葉によれば、「相続分に応じた共有関係の解消」が遺産分割になります。

3-3　可分債権は例外

ところで、法第898条の字句にかかわらず、可分債権（分割が可能な債権）といわれる債権は、共同相続人が共有するのではなく、各相続人が自己の相続分で分割された金額を取得するものとされています。

下記の判例が、説くところです。

> 最高裁昭和29年4月8日判決
> 　相続人数人ある場合において、その相続財産中に金銭その他の<u>可分債権があるときは、その債権は法律上当然分割され各共同相続人がその相続分に応じて権利を承継する</u>ものと解するを相当とする。

この判決は、山林が無断で伐採されたことによる損害賠償請求権（金

銭債権）は、可分債権であるので、これが共同相続されたときは、遺産分割をすることなく、各相続人が、自己の相続分に応じた金額を、直接加害者に請求できるというものです。

3-4　預貯金債権は、可分債権ではないので、遺産分割の対象になる

　なお、この昭和29年の判例後は、金融機関に対する預貯金債権も、金銭債権であることから、この判例の射程圏内にあるものとして、当然のごとく可分債権になるものとされましたが、平成28年12月19日大法廷決定でもって、預貯金債権は可分債権ではない（したがって不可分債権になる）とされたことから、それ以後、相続された預貯金債権は、遺産共有の対象とされ、遺産分割の対象になっています。その法理は、次のとおりです。

最高裁大法廷平成28年12月19日決定

　……改めて本件預貯金の内容及び性質を子細にみつつ、相続人全員の合意の有無にかかわらずこれを遺産分割の対象とすることができるか否かにつき検討する。

　……普通預金契約及び通常貯金契約は、……口座に入金が行われるたびに……口座の既存の預貯金債権と合算され、……<u>1個の債権として同一性を保持しながら、常にその残高が変動し得るものである。</u>……

　以上のような各種預貯金債権の内容及び性質をみると、共同相続された普通預金債権、通常貯金債権及び定期貯金債権は、いずれも、<u>相続開始と同時に当然に相続分に応じて分割されることはなく、遺産分割の対象となるものと解するのが相当である。</u>

この結果、それまでは、相続人個々人が、自己の相続分（指定相続分または法定相続分）の範囲内でなら、金融機関に対し、預金の払戻請求が認められていたのが、認められなくなり、遺産分割を経ないと、預貯金債権の払戻請求はできなくなったのです。

このため、預貯金の払戻請求ができなくなった個々の相続人の不便を緩和するため、平成30年の相続法改正では、一定の限度で、相続人各自に、預貯金の払戻請求ができる規定が設けられました。後述いたします。

（2）相続分に応じた権利義務の承継

（共同相続の効力）

第899条 各共同相続人は、その相続分に応じて被相続人の権利義務を承継する。

共同相続における権利義務の承継は、相続分に応じたものになります。

補説

3-5 遺産も債務も同じ割合

本条は、被相続人の権利義務は、相続分に応じて承継するというものですから、遺言により、法定相続分を超えるような遺産を取得した相続人は、同じ割合で債務も承継することになります。

（後述の「特定財産承継遺言が相続分の指定になる場合」55ページ参照）。

4 共同相続における権利の承継の対抗要件

条文

（共同相続における権利の承継の対抗要件）

第899条の2 相続による権利の承継は、遺産の分割によるものかどうかにかかわらず、次条及び第901条の規定により算定した相続分（著者注：法定相続分のこと）を超える部分については、登記、登録その他の対抗要件を備えなければ、第三者に対抗することができない。

2 前項の権利が債権である場合において、次条及び第901条の規定により算定した相続分（著者注：法定相続分のこと）を超えて当該債権を承継した共同相続人が当該債権に係る遺言の内容（遺産の分割により当該債権を承継した場合にあっては、当該債権に係る遺産の分割の内容）を明らかにして債務者にその承継の通知をしたときは、共同相続人の全員が債務者に通知をしたものとみなして、同項の規定を適用する。

　本条は、平成30年の相続法改正のときに新設された規定の一つです。

1項

　相続人Aが（遺言又は遺産分割で）不動産を取得したが、相続登記をしないでいた間に、相続人Bが（例えば、無効になった遺言書を使って）当該不動産につきB名義で相続登記をしてこれを第三者Cに譲渡してC名義にしたという場合、相続人Aは法定相続分である1/2については相続による権利の取得を対抗（主張）できる（したがって、Cに対し、

1/2の共有持分の移転登記手続を請求できる）が、それを超える部分については、相続登記をしていない限り、対抗できない（つまりはCの名義になった所有権全部の移転登記手続の請求までは認められない。）。

2項

　遺言又は遺産分割で取得した遺産が債権の場合は、債権を取得した相続人から債務者に対し、遺言の内容又は遺産分割の内容を明らかにして通知するだけで、対抗できる。

4-1　改正前における考え方

　通常の権利の移転の場合（例えば、売買や贈与）、登記や登録を権利移転の対抗要件とするもの（例えば不動産の場合だと登記、自動車の場合だと登録）については、これを具備しておかないと、第三者に対抗できません。

　しかし、相続による権利の承継に限っては、包括承継なので、登記・登録をしていなくとも、第三者に対抗できるという解釈が、改正前にはなされていました。

　しかし、それでは、第三者に不測の損害を与えることになりかねないので、改正法は、法定相続分については、登記・登録がなくとも第三者に対抗できるが、法定相続分を超える部分については、登記・登録をしないと、第三者に対抗できないということにしたのです。

2項

　債権の移転を、第三者に対抗するには、債権者から債務者に対し債権の移転があったことの通知（又は債務者の承諾）が必要です。

相続による債権の移転についても、1項に準じ、法定相続分を超える移転について、債権者からの通知が必要だとすると、その場合は、共同相続人全員からの通知が必要ということになります。

　しかしながら、本項は、その場合、債権を取得した相続人が、遺言又は遺産分割の内容を明らかにして通知をすれば、それだけでよいとしたのです。

　これは、遺産分割協議書の写しや遺言書の写しという形を用いて、他の相続人からの通知に代えたのです。

第2節　相続分

1　法定相続分

1-1　相続人の法定相続分

（法定相続分）

第900条　同順位の相続人が数人あるときは、その相続分は、次の各号の定めるところによる。

①子及び配偶者が相続人であるときは、子の相続分及び配偶者の相続分は、各1/2とする。

②配偶者及び直系尊属が相続人であるときは、配偶者の相続分は、2/3とし、直系尊属の相続分は、1/3とする。

③配偶者及び兄弟姉妹が相続人であるときは、配偶者の相続分は、3/4とし、兄弟姉妹の相続分は、1/4とする。

④子、直系尊属又は兄弟姉妹が数人あるときは、各自の相続分は、相等しいものとする。ただし、父母の一方のみを同じくする兄弟姉妹の相続分は、父母の双方を同じくする兄弟姉妹の相続分の1/2とする。

本条は、法律で定められた相続分（法定相続分）割合を定めた規定です。その内容は、次のとおりです。

(1) 配偶者と子・直系尊属・兄弟姉妹の割合

相続人	法定相続分
配偶者と子	配偶者 1/2・子 1/2
配偶者と直系尊属	配偶者 2/3・直系尊属 1/3
配偶者と兄弟姉妹	配偶者 3/4・兄弟姉妹 1/4

(2) 同順位の相続人が複数いる場合

相続人	法定相続分
配偶者と子2人	配偶者 1/2・子それぞれ 1/4
配偶者と直系尊属2人	配偶者 2/3・直系尊属それぞれ 1/6
配偶者と兄弟姉妹2人	配偶者 3/4・兄弟姉妹それぞれ 1/8
配偶者と全血兄弟姉妹（父母の双方を同じくする兄弟姉妹）1人、 半血兄弟姉妹（父母の一方のみを同じくする兄弟姉妹）1人	配偶者 3/4、・全血兄弟姉妹 2/12、 半血兄弟姉妹 1/12

補説 ....

1-1-1 法定相続分の機能

　法定相続分は、遺言がなく、特別受益としての贈与がなく、寄与分のある相続人がいない場合の、遺産分割の基準になる、相続割合をいいます。

1-2 代襲相続人の法定相続分

（代襲相続人の相続分）

第901条 第887条第2項又は第3項の規定（著者注：代襲相続
と再代襲相続を定めた規定）により相続人となる直系卑属の相
続分は、その直系尊属が受けるべきであったものと同じとする。
ただし、直系卑属が数人あるときは、その各自の直系尊属が受
けるべきであった部分について、前条の規定（著者注：法定相
続分を定めた規定）に従ってその相続分を定める。

2 前項の規定は、第889条第2項の規定により兄弟姉妹の子が相続
人となる場合について準用する。

　例えば、相続人が子である長男と次男の代襲相続人の子が二人とい
う場合、長男の法定相続分は1/2、次男の子2人は、次男の法定相続分
1/2を、それぞれ1/4ずつ代襲相続することになります。

被相続人	父		
相続人	長男	次男（死亡）A	
		孫B	孫C
法定相続分	1/2	1/4	1/4

1-2-1 被代襲者の相続分をその子らが分け合ったもの

　一人の相続人Aの代襲相続人がBとCというように、数人いる場合、
その数人の代襲相続人の法定相続分は、被代襲者である一人の相続人A
の法定相続分を、均等に分けたものになります。

2 遺言による相続分の指定

（遺言による相続分の指定）

第902条 被相続人は、前2条の規定（著者注：法定相続分）にかかわらず、遺言で、共同相続人の相続分を定め、又はこれを定めることを第三者に委託することができる。

2 被相続人が、共同相続人中の一人若しくは数人の相続分のみを定め、又はこれを第三者に定めさせたときは、他の共同相続人の相続分は、前2条の規定により定める。

1項

本条は、被相続人が、遺言で、法定相続分に優先する指定相続分を定めることができることを明記した規定です。

指定相続分は、遺言で指定した相続分（又は、遺言で相続分の指定をすることを第三者に委託したときに第三者が指定する相続分）のことです。

2項

相続分の指定が一部の相続人についてだけなされた場合は、その他の相続人の相続分は、残りの相続分を法定相続分で分け合ったものになります。

補説 ......

2-1 遺言の内容は、時代の思潮を映す

遺言といえば、多くの場合、次の世代の者（子や孫）という、血液の流れの下流にいる者への遺産の承継になりますが、最近では、経済の発展と富の増殖という現象の下、相続人以外の者への、とくに公共的、公益的団体への寄付（遺贈）も数多く見られます。

2-2　遺言による相続分の指定

本条は、そのうちの相続人への遺産の承継の方法の一つである遺言による相続分の指定に関する規定です。

相続分の指定があれば、これによる指定相続分を基準に遺産分割がなされますので、この場合は、法定相続分の規定は適用されません。

ですから、相続分の指定といえば、法定相続分を修正した相続割合のことになりますので、多くの場合は1/2とか3/5とかの相続割合で表示し指定されます。

2-3　遺産分割方法の指定（特定財産承継）遺言が、相続分の指定にも解される場合

しかし、裁判所は、特定の財産を特定の相続人に承継させる遺言（特定財産承継遺言）の場合でも、その財産が法定相続分の割合を超えるときは相続分の指定にもなると、判示しています。次の裁判例がその理を述べています。

> 東京高裁昭45年3月30日判決
> 　被相続人が自己の所有に属する特定の財産を特定の共同相続人に取得させる旨の指示を遺言でした場合……その特定の財産が特定の相続人の法定相続分の割合を超える場合には相続分の指定を伴う遺産分割方法を定めたものであると解するのが相当である。

例えば、全財産が1億円ある遺言者が、そのうち8000万円の価額の特定の財産を相続人Aに、遺言によって相続させた場合、Aは8000万／1億の割合の財産を取得したことになりますので、つまりは8/10の相続分の指定を受けたと解されるのです。

　これは、民法899条の「各共同相続人は、その相続分に応じて被相続人の権利義務を承継する。」という規定からも導かれる結論ですが、要は、遺言で法定相続分を超える相続財産を得た相続人は、同じ割合だけ、債務も承継しなければならないことになるのです。
　なお、特定財産承継遺言の対象になった財産が、法定相続分未満の割合のものでしかない場合は、当該特定財産承継遺言で遺産を取得した相続人は、他に遺産がある限り、法定相続分に達するまでの遺産分割を請求することができることになります。

3　相続分の指定がある場合の債権者の権利の行使

条文

（相続分の指定がある場合の債権者の権利の行使）
　第902条の2　被相続人が相続開始の時において有した債務の債権者は、前条の規定による相続分の指定がされた場合であっても、各共同相続人に対し、第900条及び第901条の規定により算定した相続分（注：法定相続分）に応じてその権利を行使することができる。ただし、その債権者が共同相続人の一人に対してその指定された相続分に応じた債務の承継を承認したときは、この限りでない。

本条本文は、指定相続分で債務を相続したことをもって、相続債権者に対抗できないことを明らかにした規定です。

　したがって、相続分の指定遺言があっても、債権者は法定相続分でもって、相続人に対し債務の弁済を求めることができることになります。

　ただし書は、債権者が、指定相続分でもって、相続人に債務の支払を求めることもできることにした規定です。

　しかし、これは、債権者が相続人Aには法定相続分で、相続人Bには指定相続分で請求できるということではありません。こんなことを認めると、各相続人に請求できる金額を合計すると 1/1 を超えてしまいます。

　債権者が法定相続分で請求するか、指定相続分で請求するかは、全相続人に共通でなければならないのです。

補説 ⋯⋯⋯⋯⋯⋯⋯⋯⋯⋯⋯⋯⋯⋯⋯⋯⋯⋯⋯⋯⋯⋯⋯⋯⋯⋯⋯⋯⋯⋯⋯⋯⋯⋯⋯⋯⋯

3-1　債権者への配慮を示した判例

　遺言によって相続分が指定される場合、通常、相続債務の債権者が関与することはありません。

　ですから、相続人が債務を指定相続分で承継したことを、債権者に強制することには問題があります。

　そのような中で、下記判例が出されました。

> 最高裁平成 21 年 3 月 24 日判決
> 　（相続分の指定は）……相続債務の債権者（以下「相続債権者」という。）の関与なくされたものであるから、相続債権者に対してはその効力が及ばないものと解するのが相当であり、各相続人は、相続債権者から法定相続分に従った相続債務の履行を求められたときには、これに応じなければならず、指定相続分に応じて相続

債務を承継したことを主張することはできないが、相続債権者の方から相続債務についての相続分の指定の効力を承認し、各相続人に対し、指定相続分に応じた相続債務の履行を請求することは妨げられないというべきである。

　そこで、平成30年改正法は、この判例を本条にそのまま条文化したのです。

4　特別受益者の相続分（具体的相続分）

条文

（特別受益者の相続分）

第903条　共同相続人中に、被相続人から、遺贈を受け、又は婚姻若しくは養子縁組のため若しくは生計の資本として贈与を受けた者があるときは、被相続人が相続開始の時において有した財産の価額にその贈与の価額を加えたものを相続財産とみなし、第900条から第902条までの規定により算定した相続分（著者注：相続人の法定相続分、代襲相続人の法定相続分、遺言者が指定した相続分のこと）の中からその遺贈又は贈与の価額を控除した残額をもってその者の相続分とする。

2　遺贈又は贈与の価額が、相続分の価額に等しく、又はこれを超えるときは、受遺者又は受贈者は、その相続分を受けることができない。

3　被相続人が前二項の規定と異なった意思を表示したときは、その意思に従う。

4 婚姻期間が20年以上の夫婦の一方である被相続人が、他の一方に対し、その居住の用に供する建物又はその敷地について遺贈又は贈与をしたときは、当該被相続人は、その遺贈又は贈与について第一項の規定を適用しない旨の意思を表示したものと推定する。

1項

　本条は、特別受益者がいる場合の、遺産分割での基準になる金額（具体的相続分）を算出する計算式を定めた規定です。その算式は次のとおりです。

Step1：

　相続開始時財産の額＋贈与の額＝みなし相続財産

Step2：

　（相続人ごとに）　みなし相続財産×指定相続分又は法定相続分＝仮の相続分

Step3：

　（相続人ごとに）仮の相続分－遺贈又は贈与の額＝具体的相続分

2項

　具体的相続分が0又はマイナスになった相続人の場合、遺産分割を受けることはできませんが、マイナス分の返還は必要ありません。

3項

　被相続人が持戻免除の意思表示をしていた場合は、Step1の持戻しの必要はありません。持戻しとは、Step1の「＋贈与」の計算のことです。

4項

本項は、平成 30 年改正法で創設された規定です。解説は 5 でいたします。

4-1 （1項関係） 持戻しの意味

持戻しとは、第 903 条の「相続開始の時において有した財産の価額にその贈与の価額を加えた」計算のことですが、遺贈と贈与の位置関係は下図のようになりますので、持戻しとは、「共同相続対象財産＋遺贈＋贈与」の計算でもあるのです。

被相続人の財産		
相続開始時財産（遺産）		贈与
共同相続対象の遺産	遺贈	

そして、「共同相続対象財産＋遺贈＋贈与」を、特別受益の持戻しといいますが、さらに細かくいえば、「共同相続対象財産＋遺贈」を遺贈の持戻しといい、「共同相続対象の財産＋贈与」を贈与の持戻しといいます。

4-2 特別受益とは何か

特別受益とは、遺贈と贈与を包含する上位概念です。

ですから、「共同相続対象財産＋遺贈＋贈与」という図式は、「共同相続対象財産＋特別受益」ということもできるのです。

被相続人の財産		
相続開始時財産（遺産）		贈与
共同相続対象の遺産	遺贈	
共同相続対象の遺産	特別受益	

4-3　何故、持戻しをするのか

　持戻しをする理由は、公平な遺産分割をするためです。すなわち、特別受益のうち、贈与は"遺産の前渡し"、遺贈は"遺産の別渡し"と考えられますので、そのほかの遺産を分割する場合、遺産の前渡しとしてした贈与と、遺産の別渡しとしてした遺贈を、いったん元に戻して、これら特別受益を含めた被相続人の財産を、法定相続分（遺言で相続人の指定がなされているときは指定相続分）で分けるのが、公平だと考えたのです。

4-4　遺贈の中身

　ここでいう「遺贈」とは、被相続人が生前書いた遺言書によって、相続人に与えた特定の財産のことをいいますので、具体的には「特定遺贈」と「遺産分割方法の指定遺言（特定財産承継遺言）」の双方を含みます（広島高裁岡山支部平成17年4月11日決定等）。

4-5　贈与の中身

　贈与は、本条に書かれていますが、「婚姻または養子縁組のためになされた贈与、もしくは生計の資本としてなされた贈与」に限られます。

　少額の現金の贈与などは、特別受益にはなりません。

特別受益	
遺贈	贈与
特定遺贈と遺産分割方法の指定遺言（特定財産承継遺言）	婚姻または養子縁組のため若しくは生計の資本としての贈与

4-6 生命保険金が特別受益になる場合

　なお、遺贈も贈与も、それを受ける相続人からみれば、特別に得た利益ということができることから「特別受益」といわれますが、そうであれば、被相続人が生前に保険料を支払い、被相続人の死亡によって特定の相続人に生命保険金が支払われる場合の、特定の相続人の利益も、特別受益になるのではないかという疑問が生じます。

　それについては、次の判例が、生命保険金が特別受益になる場合のあることを認め、その要件を定めています。

最高裁平成 16 年 10 月 29 日決定
　死亡保険金請求権は、被保険者が死亡した時に初めて発生するものであり、保険契約者の払い込んだ保険料と等価関係に立つものではなく、被保険者の稼働能力に代わる給付でもないのであるから、実質的に保険契約者又は被保険者の財産に属していたものとみることはできない。したがって、上記の養老保険契約に基づき保険金受取人とされた相続人が取得する死亡保険金請求権又はこれを行使して取得した死亡保険金は、民法 903 条 1 項に規定する遺贈又は贈与に係る財産には当たらないと解するのが相当である。もっとも、上記死亡保険金請求権の取得のための費用である保険料は、被相続人が生前保険者に支払ったものであり、保険契

> 約者である被相続人の死亡により保険金受取人である相続人に死亡保険金請求権が発生することなどにかんがみると、<u>保険金受取人である相続人とその他の共同相続人との間に生ずる不公平が民法 903 条の趣旨に照らし到底是認することができないほどに著しいものであると評価すべき特段の事情が存する場合には、同条の類推適用により、当該死亡保険金請求権は特別受益に準じて持戻しの対象となると解するのが相当である。</u>

4-7　具体的相続分という用語

　これは法令用語ではありませんが、遺産分割をする際、各相続人が具体的に取得できる遺産の価額を言い表す言葉として案出された講学上の概念（学問上使われる言葉）です。

　以上のように、第 903 条は、特別受益者がいる場合の、遺産分割の基準になる金額（具体的相続分）の算出方法を定めていますが、民法 904 条の 2 は、寄与分のある相続人がいる場合の、遺産分割の基準になる金額の算出方法を定めていて、この場合の金額も、遺産分割をする場合の基準になる金額であることから、具体的相続分といわれます。

　判例も、次のように判示しているところです。

> 最高裁大法廷平成 28 年 12 月 19 日決定
> 　……遺産分割審判……の手続において基準となる相続分は、特別受益等を考慮して定められる具体的相続分である（同法 903 条（著者注：特別受益者がいる場合の規定）から 904 条の 2 （著者注：寄与相続人がいる場合の規定）参照）。

4-8　持戻免除の意味と方法

　特別受益（遺贈と贈与）があっても、被相続人がその持戻しを免除している場合は、持戻計算は必要ありません。

　本条3項で、「被相続人が前二項の規定と異なった意思を表示したときは、その意思に従う。」と規定しているからです。

　これは持戻免除の意思表示といわれます。

　持戻免除の意思表示の方法については、次のアとイがあります。

ア　贈与の持戻免除の意思表示は、明示でなされる場合もありますが、黙示の意思表示でなされる場合もあります。

　黙示の意思表示というのは、被相続人の生前における言動から、被相続人の意思を忖度して、被相続人は持戻免除の意思を表示していたと裁判所が認めたときに、認められます。

イ　遺贈の持戻免除の意思表示については、遺贈が遺言書で書かれることによりなされますので、その持戻免除も遺言書に書かれなければ認められないと解されています。

5　持戻免除の意思表示の推定規定の創設

条文

第903条

4　婚姻期間が20年以上の夫婦の一方である被相続人が、他の一方に対し、その居住の用に供する建物又はその敷地について遺贈又は贈与をしたときは、当該被相続人は、その遺贈又は贈与について第一項の規定を適用しない旨の意思を表示したものと推定する。

婚姻期間が 20 年以上の夫婦の一方が、他の一方に対し、本条の要件を満たした遺贈または贈与をしていた場合は、被相続人の意思として、遺産分割の際、特別受益としては扱わない意思があるものと推定される、というのが、本条の趣旨です。

　その分、配偶者は、贈与または遺贈を受けた建物（または建物とその敷地）につき、持戻しがなされない分、他の相続人より、有利な遺産分割を受けることになります。

5-1　改正法の目玉規定

　本条は、平成 30 年改正法で創設された規定です。

　これは、長年にわたり配偶者がしてくれた貢献に報い、その老後の生活を保護するための、目玉規定の一つです。

　他の相続人は、遺産分割の際、この推定を破る主張立証は可能ですが、よほどの証拠がない限り、この推定を破ることは困難だと思われます。

5-2　税制上の優遇措置もある

　なお、これは税制上の措置ですが、婚姻期間が 20 年以上の夫婦間の居住用財産の贈与は、相続税法 21 条の 6 で、基礎控除額に加え最大 2000 万円までの控除が認められ、優遇されています。

　この税制上の優遇措置は、残された配偶者の生活の本拠を確保するためというだけでなく、相続税の節税対策としても、広く活用されています。

6 特別受益の評価の基準時

第904条 前条に規定する贈与の価額は、受贈者の行為によって、その目的である財産が滅失し、又はその価格の増減があったときであっても、相続開始の時においてなお原状のままであるものとみなしてこれを定める。

特別受益のうち「贈与」は、相続開始前になされていますので、相続開始時には、その価額が変動している場合もありますが、具体的相続分を算出する場合、贈与の額は、本条により、相続開始時の金額とされています。

7 寄与分

（寄与分）

第904条の2 共同相続人中に、被相続人の事業に関する労務の提供又は財産上の給付、被相続人の療養看護その他の方法により被相続人の財産の維持又は増加について特別の寄与をした者があるときは、被相続人が相続開始の時において有した財産の価額から共同相続人の協議で定めたその者の寄与分を控除したものを相続財産とみなし、第900条から第902条までの規定により算定した相続分（著者注：法定相続分または指定相続分）

に寄与分を加えた額をもってその者の相続分とする。

2 前項の協議が調わないとき、又は協議をすることができないときは、家庭裁判所は、同項に規定する寄与をした者の請求により、寄与の時期、方法及び程度、相続財産の額その他一切の事情を考慮して、寄与分を定める。

3 寄与分は、被相続人が相続開始の時において有した財産の価額から遺贈の価額を控除した残額を超えることができない。

4 第2項の請求は、第907条第2項の規定（著者注：家庭裁判所への遺産分割の請求）による請求があった場合又は第910条（著者注：認知された者から価額の支払請求）に規定する場合にすることができる。

1項

本条は、被相続人の財産の維持又は増加について特別に寄与した相続人（寄与相続人）に対し、寄与分として一定の金額を遺産額から取り除き、その金額を、寄与相続人が遺産分割で取得する財産額に加算するという制度です。

計算式は、

Step1：

相続開始時財産　−　寄与分　＝　みなし相続財産

Step2：（相続人ごとに）

みなし相続財産　×　相続分（指定相続分又は法定相続分）＝仮の相続分

Step3：（相続人ごとに）

仮の相続分　＋　寄与分　＝　具体的相続分

になります。

2項

寄与分を認めてもらうには、家庭裁判所に対しその旨を申し立てる必要があります。

3項

寄与分は、遺産分割の際の具体的相続分を算出するためのものですので、遺贈に優先することはありません。

4項

遺留分の申立は、遺産分割の調停・審判の申立てをするときか、死後認知を受けた相続人が遺産分割の請求をするときしかできません。

 補説

7-1 寄与分の意味

ア 寄与分とは、「労務の提供」、「財産上の給付」、「被相続人の療養看護」が例示されていますが、方法のいかんにかかわらず、「被相続人の財産の維持又は増加」に寄与したこと一切をいいます。

イ 相続放棄も寄与分になりうる

父甲が亡くなったときの相続で、相続人の母乙が相続放棄をして子丙が父の財産を全部相続した後、子丙が亡くなったときの相続人が母乙と妻丁ということもありますが、このときの乙と丁との間で遺産分割をする際、母乙は、前記相続放棄を寄与分として主張することができます。

この理は、寄与分制度が設けられた昭和55年の相続法改正のときに公にされた最高裁判所事務総局、「改正民法及び家事審判法規の解釈運用について」、家庭裁判月報33-4、P6（新版注釈民法（27）、P270参照）が認めております。

相続放棄（前記の例では、母乙の相続放棄）は、他の相続人（前記の例では、子丙）の財産を増やしたことに間違いなく、寄与を認めた方が公平であるとの理由です。

8　相続分の譲渡と取戻しの権利

（相続分の取戻権）

第905条　共同相続人の一人が遺産の分割前にその相続分を第三者に譲り渡したときは、他の共同相続人は、その価額及び費用を償還して、その相続分を譲り受けることができる。

2 前項の権利は、1か月以内に行使しなければならない。

　本条は、相続分の譲渡ができること、相続人以外の者へも譲渡できること、相続人以外の者への相続分譲渡は、遺産分割の協議などの中に他人を入れることになるので、相続人に買戻しの権利を認める規定です。

補説

8-1　譲渡可能

　相続分は、譲渡することができます。譲受人が相続人である場合に限られません。第三者に対し譲渡することもできます。

8-2　本条でいう「相続分」とは何か？

　相続分の譲渡という場合の相続分とは、遺産分割のときの基準になる相続分のことですので、遺言がなくて特別受益者も寄与分をもった相続

人（寄与相続人）もいない場合は法定相続分になり、指定相続分があれば指定相続分になり、特別受益者がいる場合や寄与相続人がいる場合は、具体的相続分になります。

　ですから、ここでいう相続分は、遺産分割の基準でしかないので、遺産分割後の相続分というものは観念できません。民法 905 条 1 項が「遺産の分割前にその相続分を第三者に譲り渡したとき」と規定しているのは、その意味です。

8-3　具体的相続分がマイナスになる場合のリスク

　遺産分割の調停や審判で、相続人が他の相続人に相続分を譲渡し、それにより家庭裁判所が相続分を譲渡した相続人を手続から排除して、残った相続人だけで遺産分割の調停や審判の手続を進めることが多々ありますが、この場合の相続分譲渡の対象になった相続分が特別受益者の持つ具体的相続分であるときは、それが 0 又はマイナスになっていることも起こりえます。

8-4　相続分は放棄も可能

　相続分を放棄することは可能です。

　しかし、相続分放棄の手続はありません。

　ですから、遺産分割協議のときに相続分放棄をする相続人は、相続分放棄の証明書に署名押印して遺産分割協議に添付する（印鑑証明書添付）ことが必要です。

　遺産分割の審判手続や調停手続段階で、相続分の放棄がなされますと、家事事件手続法第 43 条は「家庭裁判所は、当事者となる資格を有しない者及び当事者である資格を喪失した者を家事審判の手続から排除する

ことができる。」との規定（調停の場合は、家事事件手続法第 258 条）により、家庭裁判所は、相続分の放棄や譲渡をした相続人に対し、手続からの排除決定をします。

8-5「相続分の放棄」は「相続放棄」とは違う

「相続放棄」は、相続開始の時から相続人でなかったことになりますが、「相続分の放棄」は、たんに遺産分割を受ける権利を放棄するだけのことですので、債務は相続します。相続人であることに変わりはないのです。

第3節　遺産分割

1　遺産分割の基準

（遺産の分割の基準）

第906条　遺産の分割は、遺産に属する物又は権利の種類及び性質、各相続人の年齢、職業、心身の状態及び生活の状況その他一切の事情を考慮してこれをする。

　本条は、遺産分割の審判のときの基準ですが、調停の場でも遺産分割協議の場でも、当然、これに倣ってなされることになります。

2　相続開始時にはあったが、遺産分割時までに処分された遺産についての基準

（遺産の分割前に遺産に属する財産が処分された場合の遺産の範囲）

第906条の2　遺産の分割前に遺産に属する財産が処分された場合であっても、共同相続人は、その全員の同意により、当該処分された財産が遺産の分割時に遺産として存在するものとみなすことができる。

2　前項の規定にかかわらず、共同相続人の一人又は数人により同項の財産が処分されたときは、当該共同相続人については、同項の同意を得ることを要しない。

1項は、相続開始時にあったが遺産分割時にはなくなっていた遺産について、全共同相続人の同意があれば、遺産分割の対象となしうるという規定です。

2項は、相続開始時にあったが遺産分割時にはなくなっていた遺産が、共同相続人の一部の者の処分したものであるときは、当該相続人の同意はなくともよいとする規定です。

補説 ....

2-1　改正前の法理

相続開始時にはあったが、遺産分割時までになくなっている遺産については、遺産分割の対象にはならないという法理がありました。

ない物は遺産分割しようがないじゃあないか、という理屈からです。

しかし、その場合でも、共同相続人全員が、そのような遺産分割時までになくなった遺産を遺産分割の対象にする同意をしているときは、その遺産も遺産分割の対象にできるという実務の運用がなされてきました。

その実務の運用は、下記の判例によるものです。

最高裁昭和54年2月22日判決

　共有持分権を有する共同相続人全員によつて他に売却された右各土地は遺産分割の対象たる相続財産から逸出するとともに、その売却代金は、これを一括して共同相続人の一人に保管させて<u>遺産分割の対象に含める合意をするなどの特別の事情のない限り、相続財産には加えられず、共同相続人が各持分に応じて個々にこれを分割すべきものである</u>……

本条第1項は、この判例と実務の運用を、明文化したものです。

2-2 処分した相続人の同意を不要とした2項の意味

しかしながら、1項だけでは十分とはいえません。すなわち、相続開始時にはあった遺産を、相続人の一部の者が処分した結果遺産分割時になくなっていたという場合にまで、全相続人の同意がないと当該遺産を遺産分割の対象にできないとすると、その相続人だけが不当に利益を受ける結果になりかねないからです（他の相続人は当該処分をした相続人に対し損害賠償請求ができるとはいえ、その権利を行使するとは限らない）。

そこで、平成30年の改正法では、本条1項のほかに2項を設け、相続開始時にあった遺産が、遺産分割時までに、共同相続人の一人又は数人により処分されたときは、当該相続人以外の相続人全員が同意するだけで、遺産分割の対象になしうることにしたのです。

2-3 「処分」の意味

本条でいう「処分」には、預貯金の払戻しの受領、遺産共有の不動産に係る共有持分権の譲渡、動産の売却や毀損・滅失などがあります。

2-4 存在しない遺産を、具体的には、どう分割するのかという問題

では、第2項の適用を受けて、一部の相続人が処分した遺産を、遺産分割の対象にした場合、具体的にはどのような遺産分割ができるのかについては、改正法もなんらの規定も置いていませんが、一般には、

> 当該処分された遺産が遺産分割の対象になると、
>
> 　①当該遺産を処分した相続人に当該遺産を取得させる場合、
>
> 　②他の相続人が取得する場合
>
> 　がありますが、②の場合は、現実には当該遺産はなくなっているため、処分した相続人に対する当該遺産の返還請求権や損害賠償請求権、あるいは代償金請求権になる

と考えられています。

2-5　その結果としての遺産分割例（改正前と改正後比較）

　その結果は、次ページの「改正法」欄に書いたような遺産分割になるとされています。なお、改正前の遺産分割の実際図も、比較のため、書いております。

（前提事例）

　相続人及び相続分は、A 1/3、B 1/3、C 1/3。遺産は、相続開始時には、預金3000万円、自宅3000万円、株式3000万円、合計9000万円であったが、相続開始後遺産分割までにAが被相続人の印鑑を使って預金3000万円の払戻しを受けたため、遺産分割時の財産は、自宅3000万円、株式3000万円、合計6000万円だけになっていた。

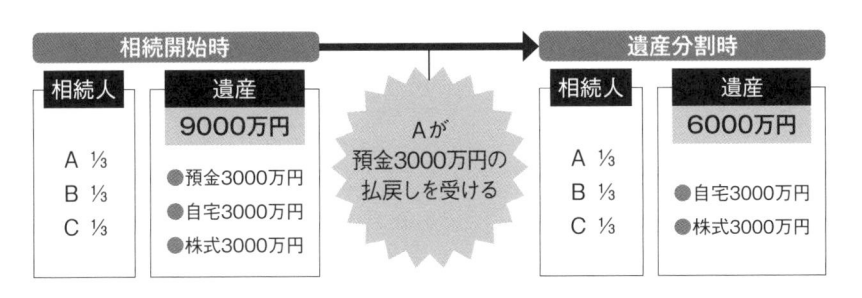

改正前の相続法	改正法
遺産分割の対象になる財産は、相続開始時にあり、かつ、遺産分割時にある遺産。	相続開始時にあった遺産ならば、遺産分割時までに処分された遺産であっても、相続人全員が同意すれば、遺産分割の対象にできる（906の2①）。この場合、当該遺産を処分した相続人の同意は必要ない（906の2②）。

前提事例における遺産分割

改正前の相続法	改正法
裁判所は、遺産分割時までにAが処分した預金3000万円を遺産分割の対象にできないため、自宅と株式合計6000万円の財産を対象に、ＡＢＣ各自の相続分がそれぞれ6000万円の1/3となる2000万円になるように遺産分割をする。	裁判所は、ＢとＣが同意すれば、Aが相続開始後払戻しをうけた預金を含めた合計9000万円の遺産を対象に遺産分割をすることができる。 　この遺産分割で、Aに預金3000万円を取得させ、自宅と株式をＢとＣに取得させることも可能。

Aが処分した遺産預金 3000 万円については

改正前の相続法	改正法
Aが相続開始時から遺産分割時までに処分した預金 3000 万円については、遺産分割の中では解決できず、この問題は、別途、BやCからAに対し損害賠償請求訴訟を提起して解決すべきことになる。しかし、この場合で、BやCが訴訟を起こさないときは、Aは不当に利得を得る結果になっていた。	Aが処分した預金 3000 万円は、遺産分割の中で解決することができる。 上記例では、Aが処分した預金 3000 万円はAに取得させ、他の遺産はBとCが取得することが可能になる。 もし、Aが処分した財産が、Aの具体的相続分を超える場合は、裁判所は、Aに対し、その超える分について、他の相続人に代償金として支払を命ずることになる。

3 遺産の分割の協議又は審判等

（遺産の分割の協議又は審判等）

第907条 共同相続人は、次条の規定により被相続人が遺言で禁じた場合を除き、いつでも、その協議で、遺産の**全部又は一部**の分割をすることができる。

2 遺産の分割について、共同相続人間に協議が調わないとき、又は

協議をすることができないときは、各共同相続人は、その**全部又は一部**の分割を家庭裁判所に請求することができる。**ただし、遺産の一部を分割することにより他の共同相続人の利益を害するおそれがある場合におけるその一部の分割については、この限りでない。**

3 **前項本文**の場合において特別の事情があるときは、家庭裁判所は、期間を定めて、遺産の全部又は一部について、その分割を禁ずることができる。

本条は、相続開始後にする遺産分割の協議や審判（なお、調停は審判の前段階に位置します）に関する規定です。

平成 30 年改正法は、青色表示をした部分を書き加えています。

それにより、遺産分割は遺産の一部についても、できることになりました。

補説 ....

3-1　遺産の一部についての分割の必要性

遺産の存在について争いのない範囲で、遺産の一部の分割を先行させたいというニーズがあります。改正法は、それに応えて、遺産の一部について分割ができること、相続人から家庭裁判所へ遺産の一部について分割請求ができることを、条文化しました。

裁判所は、原則として、それに応えなければなりませんが、遺産全体における個々の相続人の具体的相続分を勘案しながら、それを超えるような遺産一部の分割請求だと思えば、第 2 項ただし書により、拒否できることになります。

4 遺産の分割の方法の指定及び遺産の分割の禁止

（遺産の分割の方法の指定及び遺産の分割の禁止）

第908条 被相続人は、遺言で、遺産の分割の方法を定め、若しくはこれを定めることを第三者に委託し、又は相続開始の時から5年を超えない期間を定めて、遺産の分割を禁ずることができる。

本条は、被相続人が遺言で、遺産分割をすること、それを第三者に委託すること、5年を超えない期間遺産分割を禁ずることを可能にする規定です。

なお、この規定の「遺産の分割の方法を定め」の意味が分かりにくいため、改正法は、別途、「特定財産承継遺言」という法令用語を作出しています（後述の民法第1014条第2項参照）。

補説 ....

4-1 いわゆる「相続させる」遺言

「私は、妻に、自宅の土地建物を相続させる。」

と書かれた遺言のような、特定の遺産を特定の相続人に「相続させる」と書かれた遺言は、実務上、数多く見られます。

そのような、いわゆる「相続させる」遺言は、法第908条の遺産分割方法の指定遺言だというのが、次ページの判例です。そして、この遺言にあっては、遺言者（被相続人）自身で、遺産分割をしたものであるから、相続開始後、改めて遺産分割の対象にすることはできない、とされ

ました。

> 最高裁平成3年4月19日判決
>
> 　遺言書において特定の遺産を特定の相続人に「相続させる」趣旨……の遺言は、遺言書の記載から、その趣旨が遺贈であることが明らかであるか又は遺贈と解すべき特段の事情がない限り、……正に同条（著者注：民法第908条）にいう遺産の分割の方法を定めた遺言であり、……当該遺言において相続による承継を当該相続人の受諾の意思表示にかからせたなどの特段の事情のない限り、何らの行為を要せずして、被相続人の死亡の時（遺言の効力の生じた時）に直ちに当該遺産が当該相続人に相続により承継されるものと解すべきである。そしてその場合、……当該遺産については、右の協議（著者注：遺産分割の協議のこと）又は審判を経る余地はないものというべきである。……

4-2　遺産分割方法の指定遺言とは

　つまるところ、本条でいう、被相続人が、遺言で、遺産の分割の方法を定めるということは、被相続人自らが遺産分割をしたという意味になるのです。

　ただ、本条の「遺産の分割の方法を定める」という言葉の意味が分かりにくいことから、改正相続法では、別に「特定財産承継遺言」という言葉を作出しました（第1014条第2項で）。

　すなわち、改正前には「遺産の分割の方法を定めた」遺言（第908条）という用語であったが、改正法では、次のように「特定財産承継遺言」という言葉も使われることになったのです。

> **第1014条第2項** 遺産の分割の方法の指定として遺産に属する
> 特定の財産を共同相続人の一人又は数人に承継させる旨の遺言
> （以下「特定財産承継遺言」という。）があったときは、遺言執
> 行者は、（以下略）……

4-3　遺産の分割の方法を定めることを委託する遺言

　なお、「遺言による、遺産分割方法の指定」のほかに「遺言による、遺産分割方法の指定を第三者に委託する」方法もあります。

　前者は「遺産分割方法の指定遺言」ですが、後者は「遺産分割方法の指定の委託遺言」といわれます。

　遺産分割方法の指定の委託を受けた第三者は、遺言者の死亡（相続の開始）後、遺言者の意思を汲んで、どの相続人にどの遺産を取得させる（相続させる）かを考え、遺産の分割の方法指定権（特定財産承継指定権）を行使することになります。

4-4　遺産分割禁止遺言

　被相続人は遺言で、遺産分割を最長5年間は禁止できます。

　相続人の中に、未成年者や受験勉強中の者がいるなどの理由で、一定期間、慌ただしい遺産分割をさせないでおく、などの配慮が可能になりますが、実務上、この遺産分割禁止遺言は、極めて少ないのではないかと思います。

5 遺産分割の効力

条文

（遺産の分割の効力）

第909条　遺産の分割は、相続開始の時にさかのぼってその効力を生ずる。ただし、第三者の権利を害することはできない。

　遺産分割は、遺言による遺産分割方法の指定（特定財産承継遺言）によるものと、相続開始後に相続人間の協議・調停・審判でなされるものがありますが、いずれも遺産分割による権利の承継は相続開始時に生ずるというものです。

補説

5-1　「ただし、第三者の権利を害することはできない」の意味

　例えば、共同相続人の一人の債権者が、当該相続人の法定相続分割合と同じ割合の不動産の共有持分の差押えをした後に、遺産分割がなされたような場合は、その遺産分割の効果よりも差押債権者の権利が優先するという意味になります。

5-2　遺産分割の時までに生じた果実の帰属者

　本条で、遺産は、相続開始の時にさかのぼって遺産分割で取得した相続人に帰属することになりますが、では、遺産から生ずる果実（果実には、遺産である土地からあがる米や野菜という天然果実と、賃料債権という法定果実があります。）も、遺産分割で当該遺産を取得した相続人に帰属するのかといいますと、そうではありません。果実は遺産そのも

のではないことから、下記判例は、相続開始後遺産分割までに生じた果実は、全相続人が相続分の割合で取得するものとしています。

最高裁平成17年9月8日判決

　遺産は、相続人が数人あるときは、相続開始から遺産分割までの間、共同相続人の共有に属するものであるから、この間に遺産である賃貸不動産を使用管理した結果生ずる金銭債権たる賃料債権は、遺産とは別個の財産というべきであって、各共同相続人がその相続分に応じて分割単独債権として確定的に取得するものと解するのが相当である。遺産分割は、相続開始の時にさかのぼってその効力を生ずるものであるが、各共同相続人がその相続分に応じて分割単独債権として確定的に取得した上記賃料債権の帰属は、後にされた遺産分割の影響を受けないものというべきである。

　この5-2の判例は、覚えておかないと、誤解するおそれがあります。誤解から次の紛争を生む例が、実務上散見されるところです。

6　遺産分割前における預貯金債権の行使

条文

（遺産の分割前における預貯金債権の行使）
第909条の2　各共同相続人は、遺産に属する預貯金債権のうち相続開始の時の債権額の3分の1に第900条及び第901条の規定（著者注：相続人と代襲相続人の法定相続分を定めた規定）により算定した当該共同相続人の相続分を乗じた額（標準的な

> 当面の必要生計費、平均的な葬式の費用の額その他の事情を勘案して預貯金債権の債務者ごとに法務省令で定める額を限度とする。）については、単独でその権利を行使することができる。この場合において、当該権利の行使をした預貯金債権については、当該共同相続人が遺産の一部の分割によりこれを取得したものとみなす。

　本条は、平成 30 年の改正法で新設された規定です。

　相続人は、全員、相続開始時の預貯金残高の 1/3 ×法定相続分に相当する金額ついては、無条件で払戻請求ができるという規定です。ただし、法務省令で、上限額が 150 万円とされています。

補説 ....

6-1　預貯金債権をめぐる判例の変転

（1）可分債権とされた時代

　前述したことですが、昭和 29 年に金銭債権は可分債権であるので遺産分割の対象にはならない旨の判例が出、以後、預貯金債権も可分債権であることから遺産分割の対象にはならず、共同相続人は、各自、自己の相続分に応じた金額を、直接金融機関に対し請求することができることになりました。

（2）預貯金債権は可分債権ではないとの判例の誕生

　その後、平成 28 年 12 月 19 日最高裁大法廷決定は、預貯金債権は可分債権ではなく（したがって、不可分債権になるので）、遺産分割の対象になると判示しました（前記 46 ページ参照）。

　この結果、それまでは、相続人個々人が、自己の相続分（指定相続分

または法定相続分）の範囲内でなら、金融機関に対し、預金の払戻請求が認められていたのが、認められなくなりました。

6-2 預貯金の払戻しを必要とする事情

しかし、そうなると、相続債務の支払の必要がある場合であっても、被相続人から扶養を受けていた相続人がいる場合であっても、遺産分割を経なければ預貯金の払戻しを受け得ないことになりますが、それではたちまち困窮する相続人も出てきます。

そこで、平成30年改正法は、本条を設け、相続人なら誰でも、本条で定める金額の限度で、預貯金の払戻請求権を認めたのです。

6-3 昭和29年の判例は生きている

可分債権は、遺産分割の対象にならないという昭和29年の判例法理は生きています。

この法理があるおかげで、例えば交通事故で亡くなった被害者の相続人が、遺産分割をしないで直接加害者に対し、自己の相続分割合だけの損害賠償請求ができることになるのです。

6-4 可分債権も全相続人が同意すれば遺産分割の対象になしうる

可分債権でも、全共同相続人が同意をすれば、遺産分割の対象にできます。前記平成28年の判例前、すなわち預貯金が可分債権と扱われ、遺産分割の対象にはならないとされていた時代でも、家庭裁判所の調停や審判では、預貯金債権が遺産分割の対象とされていることに相続人の誰からも異議が出ないときは、相続人全員の同意（黙示的な同意）によって預貯金債権を遺産分割の対象にしているという扱いにしていたのです。

平成 28 年の判例誕生後は、預貯金債権が遺産分割の対象財産になったことは前述のとおりです。

7　相続の開始後に認知された者の価額の支払請求権

（相続の開始後に認知された者の価額の支払請求権）

第910条　相続の開始後認知によって相続人となった者が遺産の分割を請求しようとする場合において、他の共同相続人が既にその分割その他の処分をしたときは、価額のみによる支払の請求権を有する。

　本条は、遺産分割が終わった後で、認知によって相続人になった者（非嫡出子は認知されないと相続人にはなれない）がいる場合は、遺産分割の手続に瑕疵があるわけではないため、そのやり直しをさせず、認知された子は価額の請求ができることにしたのです。

8　共同相続人間の担保責任

（共同相続人間の担保責任）

第911条　各共同相続人は、他の共同相続人に対して、売主と同じく、その相続分に応じて担保の責任を負う。

（遺産の分割によって受けた債権についての担保責任）

　第912条　各共同相続人は、その相続分に応じ、他の共同相続人が遺産の分割によって受けた債権について、その分割の時における債務者の資力を担保する。

　2 弁済期に至らない債権及び停止条件付きの債権については、各共同相続人は、弁済をすべき時における債務者の資力を担保する。

（資力のない共同相続人がある場合の担保責任の分担）

　第913条　担保の責任を負う共同相続人中に償還をする資力のない者があるときは、その償還することができない部分は、求償者及び他の資力のある者が、それぞれその相続分に応じて分担する。ただし、求償者に過失があるときは、他の共同相続人に対して分担を請求することができない。

（遺言による担保責任の定め）

　第914条　前3条の規定は、被相続人が遺言で別段の意思を表示したときは、適用しない。

　第911条は、遺産分割によって、相続人がそれぞれ遺産を取得した場合、それは通常、一定の価値あるものとの評価がなされたうえで、取得するものですから、遺産分割後、自ら取得した財産が前提とした価値のないものであったことが判明した場合、その損失は、全相続人で分担するという規定です。

　第912条は、遺産分割で取得した債権の債務者に資力がないことが分かったときも、全相続人でその損失を分担するという規定です。

第913条は、前2条で損失を分担することになる相続人そのものに資力がない場合は、その相続人が分担する責任額を、他の相続人で分担するという規定です。

　第914条は、被相続人が遺言で、遺産分割をした場合（遺産分割方法の指定遺言または特定財産承継遺言による場合）も同じですが、被相続人が遺言で、別段の意思、例えば、「私は、友人○山△男に対する100万円の債権を長男に相続させる。もし、○山△男に資力がないときは、長男だけの損失とせよ。」というような意思を表示していた（遺言書に書いていた）ときは、その意思に従うことになるという規定です。

第4章

相続の承認及び放棄

第1節　総則

1　相続の承認又は放棄をすべき期間

（相続の承認又は放棄をすべき期間）

第915条　相続人は、自己のために相続の開始があったことを知った時から3か月以内に、相続について、単純若しくは限定の承認又は放棄をしなければならない。ただし、この期間は、利害関係人又は検察官の請求によって、家庭裁判所において伸長することができる。

2 相続人は、相続の承認又は放棄をする前に、相続財産の調査をすることができる。

第916条　相続人が相続の承認又は放棄をしないで死亡したときは、前条第1項の期間は、その者の相続人が自己のために相続の開始があったことを知った時から起算する。

第917条　相続人が未成年者又は成年被後見人であるときは、第915条第1項の期間は、その法定代理人が未成年者又は成年被後見人のために相続の開始があったことを知った時から起算する。

第915条

相続放棄と相続の限定承認をする場合は、「自己のために相続の開始があったことを知った時から3か月以内」にしなければなりません。

この期間は「熟慮期間」といわれます。

熟慮期間が短い場合は、理由があれば、裁判所は延ばしてくれます。

少なくとも、相続の単純承認をするか相続放棄をするかの判断のための相続財産調査の期間は伸ばしてもらえます。

第916条

相続人が熟慮期間内に亡くなったときは、その相続人が「自己のために相続の開始があったことを知った時」から熟慮期間が始まります。

第917条

熟慮期間の開始の時は、相続人の認識を基準に決まりますが、相続人が行為能力のない者であれば、法定代理人の認識を基準にします。

補説 ....

1-1　熟慮期間

熟慮期間の始期である「自己のために相続の開始があることを知った時」とは、①被相続人が亡くなったこと及び②被相続人に相続財産があること、の双方を知った時の意味です。

ですから、被相続人が亡くなったことは知っていたが、相続財産があることは知らなかったという場合は、「相続の開始があることを知った時」にはなりません。

実務で多い事例ですが、被相続人が亡くなったことは知っていたが、格別財産を残していた様子もないので、そのままにしていたら、数年も経って、債権者から相続債務の支払を督促されて、初めて、被相続人に債務があることを知ったというケースの場合は、債権者からの督促状を

受領した時に相続財産のあることを知ることになるので、この時から3か月以内なら、相続放棄ができる場合があります。

2 相続財産の管理

（相続財産の管理）

第918条 相続人は、その固有財産におけるのと同一の注意をもって、相続財産を管理しなければならない。ただし、相続の承認又は放棄をしたときは、この限りでない。

2 家庭裁判所は、利害関係人又は検察官の請求によって、いつでも、相続財産の保存に必要な処分を命ずることができる。

3 第27条から第29条までの規定（著者注：不在者財産管理人職務等）は、前項の規定により家庭裁判所が相続財産の管理人を選任した場合について準用する。

相続人は、熟慮期間中であっても、その固有財産に対するのと同じ注意義務をもって相続財産の管理をする義務がありますが、この義務の程度は、善良な管理者の注意義務（善管注意義務）と違って、丁寧さは要求されていません。

裁判所は、利害関係人や検察官の請求によって、保存に必要な処分を相続人に命じたり、管理人を選任したりできますが、管理人になると民法総則における不在者財産管理人の規定が準用されます。

3 相続の承認及び放棄の撤回及び取消し

（相続の承認及び放棄の撤回及び取消し）

第919条 相続の承認及び放棄は、第915条第一項の期間内でも、撤回することができない。

2 前項の規定は、第1編（総則）及び前編（親族）の規定により相続の承認又は放棄の取消しをすることを妨げない。

3 前項の取消権は、追認をすることができる時から6か月間行使しないときは、時効によって消滅する。相続の承認又は放棄の時から10年を経過したときも、同様とする。

4 第2項の規定により限定承認又は相続の放棄の取消しをしようとする者は、その旨を家庭裁判所に申述しなければならない。

第919条

1項により、いったんした相続の承認や相続放棄は撤回できませんが、2項により、錯誤を理由とする取消しなど（令和2年の改正債権法施行までは、錯誤については無効の主張）はできます。

実務でしばしば見られることは、"被相続人に多額の債務があると思って相続放棄をしたが、後日、債務のないことが判明した場合に"この規定を活用する例です。

しかし、取消権には6か月という短い期間で消滅する時効があります（3項）。

また、取消権を行使するには、その旨を家庭裁判所に申述しなければなりません（4項）。

第2節　相続の承認

第1款　単純承認

単純承認と法定単純承認

（単純承認の効力）

第920条　相続人は、単純承認をしたときは、無限に被相続人の権利義務を承継する。

（法定単純承認）

第921条　次に掲げる場合には、相続人は、単純承認をしたものとみなす。

①相続人が相続財産の全部又は一部を処分したとき。ただし、保存行為及び第602条に定める期間を超えない賃貸をすることは、この限りでない。

②相続人が第915条第1項の期間内に限定承認又は相続の放棄をしなかったとき。

③相続人が、限定承認又は相続の放棄をした後であっても、相続財産の全部若しくは一部を隠匿し、私にこれを消費し、又は悪意でこれを相続財産の目録中に記載しなかったとき。ただし、その相続人が相続の放棄をしたことによって相続人となった者が相続の承認をした後は、この限りでない。

第920条

　本条は、相続を単純承認した場合の原則をいうものです。

　遺産は相続するが債務は相続しないという選択肢や、遺産の一部を相続しないという選択肢はありません。

第921条

　本条は、相続の単純相続をしたとみなされる規定です。

　その①は、相続財産の全部又は一部を処分したときですが、これは債権者に損害を及ぼすものであることが判断基準になります。ですから、換価価値のない動産類の廃棄は、ここでいう相続財産の処分にはなりません。

　その②は熟慮期間内に、限定承認も相続放棄もしなかったときです。

　実務上、このケースでの単純承認が、一般的です。

　その③は、限定承認か相続放棄をした後のことですが、相続財産の隠匿など、債権者に損害を及ぼす行為を故意にした場合です。

　過失によるものは問われません。

第2款　限定承認

限定承認

条文

（限定承認）

　第922条　相続人は、相続によって得た財産の限度においてのみ被相続人の債務及び遺贈を弁済すべきことを留保して、相続の

承認をすることができる。

（共同相続人の限定承認）

第923条　相続人が数人あるときは、限定承認は、共同相続人の全員が共同してのみこれをすることができる。

（限定承認の方式）

第924条　相続人は、限定承認をしようとするときは、第915条第1項の期間内に、相続財産の目録を作成して家庭裁判所に提出し、限定承認をする旨を申述しなければならない。

（限定承認をしたときの権利義務）

第925条　相続人が限定承認をしたときは、その被相続人に対して有した権利義務は、消滅しなかったものとみなす。

（限定承認者による管理）

第926条　限定承認者は、その固有財産におけるのと同一の注意をもって、相続財産の管理を継続しなければならない。

2　第645条、第646条、第650条第1項及び第2項（著者注：受任者に関する規定）並びに第918条第2項及び第3項の規定（著者注：相続財産管理人に関する規定）は、前項の場合について準用する。

第922条

　限定承認とは、相続財産の限度においてのみ被相続人の債務及び遺贈

を弁済する条件で相続を承認することです。

　要は、相続人固有の財産から、相続債務は1円も支払わないですむ相続のことです。

第923条

　相続放棄をした相続人は除外できますが、そうでない相続人は全員で限定承認をしないと有効な限定承認にはなりません。

第924条

　これは限定承認をする手続規定です。

第925条

　相続人が債権者である場合、その債権は限定承認手続の中で行使できますし、逆に債務者である場合、債務は残ります。

第926条

　相続人は、民法第3編債権における委任契約の受任者と同じ規定の適用を受けますが、その注意義務は善管注意義務ではなく、それより軽い「固有財産におけるのと同一の注意義務」になります。その他、民法の「委任」の条文が準用されています。

 補説

1-1　熟慮期間

　遺産の相続はしたいが、債務があるかもしれないと思う相続の場合、限定承認を選択しますと、最大限、遺産を処分して、債務を支払えばよく、相続人固有の財産でもって、債務を支払う義務は生じません。

その意味で、限定承認は、リスクのない相続ではあるのですが、この制度の活用は意外に少ないのが現実です。私など、相続事件を扱う件数は、年間だけでも、数十件はありますが、50年近い弁護士生活で、限定承認の代理人を務めたのは、わずか1件しかありません。

　限定承認が少ない理由の1は、手続が極めて煩瑣なことがあります。

　理由の2は、限定承認が、所得税法上、遺産（不動産）の譲渡とみなされて、譲渡所得課税問題が生ずることです。

　第927条以下は、限定承認の手続規定です。この条文は、現実問題として、活用される人はほとんどいないと思われますので、見出しを書くにとどめます。

第3節　相続放棄

1　相続放棄の方式その他

（相続の放棄の方式）

第938条　相続の放棄をしようとする者は、その旨を家庭裁判所に申述しなければならない。

（相続の放棄の効力）

第939条　相続の放棄をした者は、その相続に関しては、初めから相続人とならなかったものとみなす。

（相続の放棄をした者による管理）

第940条　相続の放棄をした者は、その放棄によって相続人となった者が相続財産の管理を始めることができるまで、自己の財産におけるのと同一の注意をもって、その財産の管理を継続しなければならない。

2　第645条、第646条、第650条第1項及び第2項並びに第918条第2項及び第3項の規定（著者注：受任者や相続財産管理人に関する規定）は、前項の場合について準用する。

第938条

　相続放棄の手続を定めた規定です。相続放棄は家庭裁判所に申述するだけでできます。

第939条

　相続放棄をしたことによる効果を定めていますが、相続人の適格性を欠いた場合や相続人廃除された場合と違い、相続放棄は、代襲相続の原因にはなっていませんので注意が必要です。

第940条

　相続放棄をした者の相続財産管理責任に関する規定ですが、これは、次順位相続人への管理責任です。相続債権者などへの管理責任はありません。第918条のただし書があるからです。

●参照条文

> **第918条**　相続人は、その固有財産におけるのと同一の注意をもって、相続財産を管理しなければならない。ただし、相続の承認又は放棄をしたときは、この限りでない。

第 5 章

財産分離

前注

　財産分離は、知らない人が多いと思います。それだけ利用されること
が少ないのです。

　この制度は、被相続人の遺産と相続人固有の財産を分離しておく手続
です。

　何故、そのような手続をするのかといいますと、被相続人の遺産と相
続人の固有の財産を混合させた場合に、債権の回収ができなくなる債権
者がいたり、遺贈を受けることができなくなる受遺者がいる場合に、債
権者や受遺者の権利を保護するためです。

1　相続債権者又は受遺者の請求による財産分離

条文

（相続債権者又は受遺者の請求による財産分離）

第941条　相続債権者又は受遺者は、相続開始の時から3か月以
　　内に、相続人の財産の中から相続財産を分離することを家庭裁
　　判所に請求することができる。相続財産が相続人の固有財産と
　　混合しない間は、その期間の満了後も、同様とする。

2　家庭裁判所が前項の請求によって財産分離を命じたときは、そ
　　の請求をした者は、5日以内に、他の相続債権者及び受遺者に対
　　し、財産分離の命令があったこと及び一定の期間内に配当加入
　　の申出をすべき旨を公告しなければならない。この場合におい
　　て、その期間は、2か月を下ることができない。

3　前項の規定による公告は、官報に掲載してする。

（財産分離の効力）

第942条 財産分離の請求をした者及び前条第二項の規定により
配当加入の申出をした者は、相続財産について、相続人の債権
者に先立って弁済を受ける。

第941条は、相続債権者又は受遺者の請求による財産分離を定めた
規定です。

ここで、財産分離とは、【前注】で述べたように、被相続人の財産（遺
産）と、相続人固有の財産を、混合させないで、分離しておくことをい
います（941条）。

最高裁平成29年11月28日決定も、「民法941条1項の規定する財
産分離の制度は、相続財産と相続人の固有財産とが混合することによっ
て相続債権者又は受遺者（以下「相続債権者等」という。）がその債権
の回収について不利益を被ることを防止するために、相続財産と相続人
の固有財産とを分離して、相続債権者等が、相続財産について相続人
の債権者に先立って弁済を受けることができるようにしたものである。」
と判示しているところです。

ですから、この制度は、同最高裁判決が引き続いて判示しているよう
な要件が認められる場合に、利用できることになります。

すなわち、同判決は、「このような財産分離の制度の趣旨に照らせば、
家庭裁判所は、相続人がその固有財産について債務超過の状態にあり又
はそのような状態に陥るおそれがあることなどから、相続財産と相続人
の固有財産とが混合することによって相続債権者等がその債権の全部又

は一部の弁済を受けることが困難となるおそれがあると認められる場合に、民法941条1項の規定に基づき、財産分離を命ずることができる」とされているのです。

本条による財産分離の法律効果は、第942条に明記されているように、被相続人の債権者が相続人の債権者に先立って弁済を受ける（受遺者の場合は遺贈の履行を受ける）ことです。

1-1　手続規定

本条に続く第943条から第949条までの規定は、被相続人に対する債権者（相続債権者）又は受遺者が財産分離の請求をしたときの手続規定です。

【前注】で解説したように、財産分離の制度はあまり利用されていませんので、その手続の解説は割愛します（読者でこの手続を利用しようと思う人がいた場合は、改めて専門書を紐解けばよいと思います。）が、手続規定の見出しだけは、以下に書いておきます。

（財産分離の請求後の相続財産の管理）	第943条
（財産分離の請求後の相続人による管理）	第944条
（不動産についての財産分離の対抗要件）	第945条
（物上代位の規定の準用）	第946条
（相続債権者及び受遺者に対する弁済）	第947条
（相続人の固有財産からの弁済）	第948条
（財産分離の請求の防止等）	第949条

2　相続人の債権者の請求による財産分離

（相続人の債権者の請求による財産分離）

第950条　相続人が限定承認をすることができる間又は相続財産
　　が相続人の固有財産と混合しない間は、相続人の債権者は、家
　　庭裁判所に対して財産分離の請求をすることができる。

2　第304条、第925条、第927条から第934条まで、第943条か
　　ら第945条まで及び第948条の規定は、前項の場合について準
　　用する。ただし、第927条の公告及び催告は、財産分離の請求
　　をした債権者がしなければならない。

　第950条は、第941条の「相続債権者又は受遺者の請求による財産
分離」とは逆に、相続人の債権者の請求による財産分離の規定です。

　この財産分離の手続は、第941条の「相続債権者又は受遺者の請求
による財産分離」と同じ手続規定を適用させる必要があることから、関
係規定が準用されています。

第6章

相続人の不存在

1 相続財産法人の成立

（相続財産法人の成立）

第951条 相続人のあることが明らかでないときは、相続財産は、法人とする。

　この規定は、相続人のあることが明らかでないときは、相続財産を法人とする規定です。

　「相続人のあることが明らかでないとき」というのは、相続人が誰もいない場合か、相続人が全員相続放棄をした場合です。

　その場合で、相続財産に対して権利を有する者がいるときは、権利の行使を可能にする必要がありますので、相続財産を法人にして、以後の手続で、権利者が権利の行使をすることを可能にしたのです。

2 相続財産の管理人の選任

（相続財産の管理人の選任）

第952条 前条の場合には、家庭裁判所は、利害関係人又は検察官の請求によって、相続財産の管理人を選任しなければならない。

2 前項の規定により相続財産の管理人を選任したときは、家庭裁判

所は、遅滞なくこれを公告しなければならない。

（不在者の財産の管理人に関する規定の準用）
　第953条　第27条から第29条までの規定は、前条第一項の相
　　続財産の管理人（以下この章において単に「相続財産の管理人」
　　という。）について準用する。

前条によって、相続人のあることが明らかでないときは相続財産は法人になりますが、そうなれば相続財産を管理する管理人を置く必要が生じます。

そこで、第952条は、利害関係人と検察官に、家庭裁判所に対する相続財産管理人の選任請求権を認めたのです。

ここで利害関係人とは、①特別縁故者として相続財産の分与を求める者、②被相続人の債権者や相続財産に対する抵当権者など、相続財産から債権の回収をする利害関係のある者が通常です。

第953条は、相続財産管理人が民法総則の不在者の財産管理人と似た立場であることから、その規定を準用した手続規定です。

3　手続規定

続いて、第954条以下に、相続財産管理人が選任された後の手続規定が置かれています。

これらは見出しのみ書き、条文の内容は省きます。通常、裁判所が相

続財産管理人を選任する場合は、弁護士から選任しますので、一般読者には細かい手続規定の解説までは不要と思うからです。

4　特別縁故者に対する相続財産の分与等

条文

（特別縁故者に対する相続財産の分与）

第 958 条の 3　前条の場合において、相当と認めるときは、家庭裁判所は、被相続人と生計を同じくしていた者、被相続人の療養看護に努めた者その他被相続人と特別の縁故があった者の請求によって、これらの者に、清算後残存すべき相続財産の全部又は一部を与えることができる。

2　前項の請求は、第 958 条の期間の満了後 3 か月以内にしなければならない。

（残余財産の国庫への帰属）

第 959 条　前条の規定により処分されなかった相続財産は、国庫に帰属する。この場合においては、第 956 条第 2 項の規定を準用する。

第958条の3

　特別縁故者からの相続財産の分与を認めた規定です。

　この規定は、相続人がいない場合、相続財産をそのまま国庫に帰属させるのではなく、特別縁故者に、相続財産の全部又は一部を、分与する機会を与えるために設けられた規定です。

　すなわち、被相続人と生計を同じくしていた内縁の配偶者や事実上の養子、被相続人の療養看護に努めた者その他被相続人と特別の縁故があった者の請求によって、裁判所がこれらの者に、清算後残存すべき相続財産の全部又は一部を与えることができるという制度です。

　この規定の利用頻度はけっこう高いものがあります。

第959条

　残った相続財産は、国庫に帰属することになります。

第 **7** 章

遺 言

第1節　総則

1　遺言の方式と遺言能力

（遺言の方式）

第960条　遺言は、この法律に定める方式に従わなければ、することができない。

（遺言能力）

第961条　15歳に達した者は、遺言をすることができる。

第962条　第5条、第9条、第13条及び第17条の規定（著者注：民法総則にある能力規定）は、遺言については、適用しない。

第963条　遺言者は、遺言をする時においてその能力を有しなければならない。

遺言は、法で定めた方式を踏まなければ、効力は認められません（960）。

遺言は満15歳に達すれば作成できます（961）。

その場合は、民法総則の能力規定は適用されません（962）。

遺言を書く能力（「遺言能力」といわれます。）は、遺言書を書く時点で必要です（963）。

1-1　遺言能力

　実務では、認知症に罹患している人の遺言について、有効性が争われることが多い現状にあります。そのため、その疑いのある人が遺言をする場合、成年被後見人の遺言の場合と同じく、医者の能力証明などを得ておく必要があるものと思われます（参照：第973条）。

　その他にも、遺言者が遺言するときの様子をビデオに撮影し、後日争いになったときの証拠にするなどという智恵が実務では見られます。

2　包括遺贈及び特定遺贈

条文

（包括遺贈及び特定遺贈）

第964条　遺言者は、包括又は特定の名義で、その財産の全部又は一部を処分することができる。

（相続人に関する規定の準用）

第965条　第886条及び第891条の規定（著者注：胎児の規定と相続人欠格事由の規定）は、受遺者について準用する。

（包括遺贈及び特定遺贈）

第964条　遺言者は、包括又は特定の名義で、その財産の全部又は一部を処分することができる。

（相続人に関する規定の準用）

第965条　第886条及び第891条の規定は、受遺者について準用する。

遺贈とは、遺言に書くことで、遺言者（被相続人）の死亡の時に、遺言者の遺産の全部又は一部を、原則として無償で与えることですが、遺贈には、包括遺贈と特定遺贈があります（964）。

胎児も受遺者（遺贈を受ける者）の資格があります（965、886）。

相続人欠格事由に該当するような受遺者への遺贈は無効になります（965、891）。

 補説

2-1　種類

ア　包括遺贈

包括遺贈とは、割合で遺贈する意味の遺贈で、「財産全部を遺贈する。」と書くと全部の包括遺贈になり、「財産の1/3を遺贈する。」など遺産の一定割合を遺贈すると書くと、一部の包括遺贈になります。

イ　特定遺贈

特定遺贈とは、財産を特定してする遺贈のことをいいます。「私の愛車（登録番号……）は、甥の……に遺贈する。」と書くような遺言です。

2-2　受遺者

遺贈を受ける者は「受遺者」といわれます。相続人へも遺贈できますが、遺贈といえば、多くの場合は、相続人以外の者への遺贈です。

相続人へ財産を与える遺言は、「私は長男Ａに不動産のすべてを相続させる。」など、「相続させる」という言葉で書かれることが一般的です。

この場合の遺言は、遺産分割方法の指定（第908条）または特定財産承継遺言といわれます（第1014条2項）。

2-3　債務の承継の有無

包括遺贈と特定遺贈では、債務を承継するかしないかという大きな違

いがあります。

　すなわち、包括遺贈は、民法第 990 条が「包括受遺者は、相続人と同一の権利義務を有する。」と規定しているところから明らかなように、相続財産のみならず、相続債務も承継するのです。

　一方、特定遺贈は、相続債務を承継することはありません。

2-4　タダより高い物はない、こともあるので注意

　特定遺贈でも、全部の包括遺贈と解される場合があります。

　次のような裁判例がありますので、注意が必要です。

> 高松高裁昭和 32 年 12 月 11 日判決
> 「左記土地建物及び家具一切を挙げて」と記載して本件土地及び同地上旧家屋を表示していることは遺言者の所有する「左記土地建物を始めとして家具等一切の財産を挙げて」という趣旨である。(たゞ「左記土地建物」が右分家の特に主要な財産であつたから、特にこれを表示したに過ぎない) ……以上の事情を考合すれば……包括遺贈をしたと見るべきである。

　特定遺贈だと債務を承継しませんので、特定遺贈を受けたと思って喜んでいたところへ、当該特定の財産が被相続人の遺産の大半を占めるほどのものであるときは、包括遺贈だとされる場合があるのです。

　遺贈を受ける場合、注意が要りますが、遺贈は放棄できます（第 986 条）ので、遺贈の遺言書を見たら、放棄をするかどうかを考えねばなりません。

遺贈	包括遺贈	割合を遺贈	債務も承継する
	特定遺贈	特定の遺産を遺贈	債務は承継しない

2-5 胎児への遺贈も可能

第965条は、胎児に相続権がある第886条を準用していますので、例えば、娘のお腹に宿った孫への遺贈も可能です。

2-6 相続人ならば相続人資格を失う者への遺贈は無効

これは、第965条が、第891条を準用しているからです。

3 被後見人の遺言の制限

本条は、被後見人が後見人の影響を受けやすいものがあることから、その者が書いた遺言が無効になる要件を定めています。

 補説

3-1 適用対象者

被後見人には、未成年者もいれば、成年被後見人もいますが、いずれの場合も、本条の適用を受けます。

第2節　遺言の方式

第1款　普通の方式

1　普通の方式による遺言の種類

（普通の方式による遺言の種類）

第967条　遺言は、自筆証書、公正証書又は秘密証書によってしなければならない。ただし、特別の方式によることを許す場合は、この限りでない。

　普通の方式による遺言の種類には、自筆証書遺言、公正証書遺言、秘密証書遺言があります。

　そのうち、自筆証書遺言だけは、他の遺言と違って、公証人が関与しないため、無効になる書き方が多くなされてきました。

　しかしながら、平成30年の改正法に合わせて制定された「法務局における遺言書の保管等に関する法律（略称「遺言書保管法」）により、令和2年7月10日から、自筆証書遺言は、法務局で保管してもらう制度ができましたので、無効のリスクは激減することになると思われます。

補説 ....

1-1　遺言書保管法

　法務局における遺言書の保管等に関する法律（略称「遺言書保管法」）

は、自筆証書遺言に限って、紛失、隠匿、破棄、失念などの事故を未然に防ぐ目的で制定されたものです。

　保管の対象となるのは、民法第968条の自筆証書によってした遺言（自筆証書遺言）に係る遺言書のみです。

　保管の対象になる遺言書は、法務省令で定める様式に従ったものであること、遺言者が遺言書保管所に自ら出頭することなど一定の要件を満たす必要があります。詳しくは、保管を申請するときに、法務局から説明を受ければよいと思います。

　なお、遺言書保管所に保管されている遺言書については、遺言書の検認（民法第1004条第1項）を受ける必要はありません（遺言保管法11条）。

2　自筆証書遺言

条文

（自筆証書遺言）

第968条　自筆証書によって遺言をするには、遺言者が、その全文、日付及び氏名を自書し、これに印を押さなければならない。

2　前項の規定にかかわらず、自筆証書にこれと一体のものとして相続財産（第997条第1項に規定する場合における同項に規定する権利を含む。）の全部又は一部の目録を添付する場合には、その目録については、自書することを要しない。この場合において、遺言者は、その目録の毎葉（自書によらない記載がその両面にある場合にあっては、その両面）に署名し、印を押さなければならない。

3　自筆証書（前項の目録を含む。）中の加除その他の変更は、遺言

者が、その場所を指示し、これを変更した旨を付記して特にこれに署名し、かつ、その変更の場所に印を押さなければ、その効力を生じない。

　本条１項は、自筆証書遺言の方式を定めた規定です。遺言書の内容を①全部自筆で書き、②日付を自筆で書き、③氏名を自書し、④押印して初めて有効な遺言書になります。

　２項は、平成30年の改正法で設けられた規定です。

　自筆証書遺言と一体のものとして作成された相続財産目録は、自書は必要ありませんが、自書によらない財産目録を作ったとき（例：パソコン印字）は、財産目録一葉（一枚）ごとに（裏面もあれば裏面にも）署名押印する必要があります。

　３項は遺言書の加除修正をする場合の要件を定めた規定ですが、その要件は条文記載のとおりです。押印する箇所が最低２箇所になりますので、注意が要ります。

　なお、平成30年改正では、結局のところ、自筆証書遺言に関して、次の２項目が改正になりました。

改正⑤　自筆証書遺言を書きやすくした改正
改正⑥　自筆証書遺言書を法務局で保管する画期的改正

 補説

2-1　他人の添え手があっても自書と認められる場合の要件

　これは、次の判例が定めています。

最高裁昭和 62 年 10 月 8 日判決

　自筆証書遺言の方式として、遺言者自身が遺言書の全文、日附及び氏名を自書することを要することは前示のとおりであるが、右の自書が要件とされるのは、筆跡によって本人が書いたものであることを判定でき、それ自体で遺言が遺言者の真意に出たものであることを保障することができるからにほかならない。そして、自筆証書遺言は、他の方式の遺言と異なり証人や立会人の立会を要しないなど、最も簡易な方式の遺言であるが、それだけに偽造、変造の危険が最も大きく、遺言者の真意に出たものであるか否かをめぐって紛争の生じやすい遺言方式であるといえるから、自筆証書遺言の本質的要件ともいうべき「自書」の要件については厳格な解釈を必要とするのである。「自書」を要件とする前記のような法の趣旨に照らすと、病気その他の理由により運筆について他人の添え手による補助を受けてされた自筆証書遺言は、（1）遺言者が証書作成時に自書能力を有し、（2）他人の添え手が、単に始筆若しくは改行にあたり若しくは字の間配りや行間を整えるため遺言者の手を用紙の正しい位置に導くにとどまるか、又は遺言者の手の動きが遺言者の望みにまかされており、遺言者は添え手をした他人から単に筆記を容易にするための支えを借りただけであり、かつ、（3）添え手が右のような態様のものにとどまること、すなわち添え手をした他人の意思が介入した形跡のないことが、<u>筆跡のうえで判定できる場合には、「自書」の要件を充たすものとして、有効であると解するのが相当である。</u>

2-2　押印する印鑑は、認め印でもよく、拇印でもよい

次の判例がその理を説いています。

> 最高裁平成元年 2 月 16 日判決
> 　……もともと自筆証書遺言に使用すべき印章には何らの制限も
> ないのであるから……自筆証書遺言の方式として要求される押印
> は拇印をもつて足りる……

2-3　押印に代えて花押を書くことはできない

その理は、次の判例が述べています。

> 最高裁平成 28 年 6 月 3 日判決
> 　我が国において、印章による押印に代えて花押を書くことによ
> って文書を完成させるという慣行ないし法意識が存するものとは
> 認め難い。以上によれば、花押を書くことは、印章による押印と
> 同視することはできず、民法 968 条 1 項の押印の要件を満たさな
> いというべきである。

2-4　自筆証書遺言が、数枚（数葉）にわたる場合、契印が必要か？

　遺言書が数葉にわたる場合、契印や編綴（とじ合わせること）は必ず
しも必要ありませんが、内容・外形からみて一通の遺言書であると明確
に認められるものでなければなりません。

　判例は、次のように判示しています。

> 最高裁昭和 37 年 5 月 29 日判決
> 　遺言書が数葉にわたる場合、その間に契印、編綴がなくても、
> それが一通の遺言書であることを確認できる限り、右遺言書によ
> る遺言は有効である、と解するを相当とするところ、原審は挙示
> の証拠により、本件遺言書は二葉にわたり、その間に契印がなく

また綴じ合わされていないが、その第二葉は第一葉において譲渡するものとされた物件を記載され、右両者は紙質を同じくし、いずれも遺言書の押印と同一の印で封印されて遺言書の署名ある封筒に収められたものであつて、その内容、外形の両面からみて一通の遺言書であると明認できるから、右遺言は有効である旨判断したものであつて、右は正当である。

3 公正証書遺言

（公正証書遺言）

第969条 公正証書によって遺言をするには、次に掲げる方式に従わなければならない。

①証人二人以上の立会いがあること。

②遺言者が遺言の趣旨を公証人に口授すること。

③公証人が、遺言者の口述を筆記し、これを遺言者及び証人に読み聞かせ、又は閲覧させること。

④遺言者及び証人が、筆記の正確なことを承認した後、各自これに署名し、印を押すこと。ただし、遺言者が署名することができない場合は、公証人がその事由を付記して、署名に代えることができる。

⑤公証人が、その証書は前各号に掲げる方式に従って作ったものである旨を付記して、これに署名し、印を押すこと。

本条は、公正証書遺言の方式を定めた規定です。

3-1 口のきけない人が公正証書遺言をつくる場合の特則規定

> **（公正証書遺言の方式の特則）**
> **第 969 条の 2** 口がきけない者が公正証書によって遺言をする場合には、……以下略

4 秘密証書遺言

（秘密証書遺言）

第 970 条 秘密証書によって遺言をするには、次に掲げる方式に従わなければならない。

①遺言者が、その証書に署名し、印を押すこと。

②遺言者が、その証書を封じ、証書に用いた印章をもってこれに封印すること。

③遺言者が、公証人一人及び証人二人以上の前に封書を提出して、自己の遺言書である旨並びにその筆者の氏名及び住所を申述すること。

④公証人が、その証書を提出した日付及び遺言者の申述を封紙に記載した後、遺言者及び証人とともにこれに署名し、印を押すこと。

2 第 968 条第 3 項の規定は、秘密証書による遺言について準用する。

本条は、内容を秘密にしたままで遺言書を書きたい人のための規定です。

なお、秘密証書遺言は無効になっても、自書証書遺言としての要件を満たしているときは、自筆証書遺言として有効です。

●参照条文

> **（方式に欠ける秘密証書遺言の効力）**
>
> **第971条** 秘密証書による遺言は、前条に定める方式に欠けるものがあっても、第968条に定める方式を具備しているときは、自筆証書による遺言としてその効力を有する。

 補説

4-1　口のきけない人のための秘密証書遺言の方式の特則

●参照条文

> **第972条** 口がきけない者が秘密証書によって遺言をする場合には、……以下略

5　成年被後見人の遺言の方式

条文

（成年被後見人の遺言）

第973条 成年被後見人が事理を弁識する能力を一時回復した時において遺言をするには、医師2人以上の立会いがなければならない。

2 遺言に立ち会った医師は、遺言者が遺言をする時において精神上の障害により事理を弁識する能力を欠く状態になかった旨を

遺言書に付記して、これに署名し、印を押さなければならない。ただし、秘密証書による遺言にあっては、その封紙にその旨の記載をし、署名し、印を押さなければならない。

成年被後見人でも、遺言能力がないというものではありません。

しかし、遺言能力がない状態で遺言することも当然あり得ます。

そこで、法は、成年被後見人が事理を弁識する能力を一時回復した時においてなら遺言できること、ただし、その場合は医者2名以上から能力証明を取ることを要求しているのです。

成年被後見人ではないが、将来、遺言能力が争われるおそれのある遺言者も、医師による能力証明を取っておけば、事前に紛争の予防に資することが多いと思われます。

6 証人及び立会人の欠格事由

条文

（証人及び立会人の欠格事由）

第974条 次に掲げる者は、遺言の証人又は立会人となることができない。

①未成年者

②推定相続人及び受遺者並びにこれらの配偶者及び直系血族

③公証人の配偶者、四親等内の親族、書記及び使用人

遺言を作成する場合で、②に違反する証人がいたため遺言が無効になった事例があります。特に、公証人も裁判所も関与しない危急時遺言の場合に、このような事故が起こりやすく、注意が必要です。

7 共同遺言の禁止

（共同遺言の禁止）

第975条 遺言は、二人以上の者が同一の証書ですることができない。

妻は夫の意思に支配されて遺言を書くかもしれません。いや、夫が妻にというべきか。いずれにせよ、共同遺言は、遺言者の真意に出ない遺言が書かれるおそれなしとしないことから、無効とされています。

第2款 特別の方式

1 死亡の危急に迫った者の遺言その他

（死亡の危急に迫った者の遺言）

第976条 疾病その他の事由によって死亡の危急に迫った者が遺言をしようとするときは、証人3人以上の立会いをもって、その一人に遺言の趣旨を口授して、これをすることができる。

……以下略

4　前3項の規定によりした遺言は、遺言の日から20日以内に、証人の一人又は利害関係人から家庭裁判所に請求してその確認を得なければ、その効力を生じない。

5　家庭裁判所は、前項の遺言が遺言者の真意に出たものであるとの心証を得なければ、これを確認することができない。

（伝染病隔離者の遺言）

第977条　伝染病のため行政処分によって交通を断たれた場所に在る者は、警察官一人及び証人一人以上の立会いをもって遺言書を作ることができる。

（在船者の遺言）

第978条　船舶中に在る者は、船長又は事務員一人及び証人二人以上の立会いをもって遺言書を作ることができる。

（船舶遭難者の遺言）

第979条　船舶が遭難した場合において、当該船舶中に在って死亡の危急に迫った者は、証人二人以上の立会いをもって口頭で遺言をすることができる。

　2項以下第982条まで略

（特別の方式による遺言の効力）

第983条　第976条から前条までの規定によりした遺言は、遺言者が普通の方式によって遺言をすることができるようになった

時から6か月間生存するときは、その効力を生じない。

（外国に在る日本人の遺言の方式）

第984条 日本の領事の駐在する地に在る日本人が公正証書又は秘密証書によって遺言をしようとするときは、公証人の職務は、領事が行う。

第976条から第979条までの規定は、死亡の危急に迫った者の遺言（976）、伝染病隔離者の遺言（977）、在船者の遺言（978）、船舶遭難者の遺言（979）の方式を定めた規定です。このうち死亡の危急に迫った者の遺言（「死亡危急時遺言」といいます）は、実務ではよく見られます。

死亡危急時遺言を作成した後は、4項で家庭裁判所に請求して確認を得なければ効力は生じませんので、注意が要ります。

また、第983条で、これら特別方式による遺言は、遺言者が普通の方式によって遺言をすることができるようになった時から6か月間生存するときは、その効力を生じないことにも注意しておく必要があります。

第984条は、外国に在る日本人が、公正証書遺言など公証人が関与する遺言をする場合は、領事が公証人の役を行うことになります。自書証書遺言は、時・所を問わず、いつでもできます。

第3節　遺言の効力

1　遺言の効力の発生時期

（遺言の効力の発生時期）

第985条　遺言は、遺言者の死亡の時からその効力を生ずる。

2 遺言に停止条件を付した場合において、その条件が遺言者の死亡後に成就したときは、遺言は、条件が成就した時からその効力を生ずる。

　遺言は、その性格上、遺言者が死亡した時から効力が生ずることというまでもありません。その遺言に、停止条件、例えば、遺贈を受ける者（受遺者）が結婚したときに100万円を遺贈するという条件が付いていると、遺言者が亡くなり、かつ、その後受遺者が結婚したという条件を満たした時に、遺言の効力が生ずるのです。

2　遺贈の放棄と承認に関する規定

（遺贈の放棄）

第986条　受遺者は、遺言者の死亡後、いつでも、遺贈の放棄をすることができる。

2 遺贈の放棄は、遺言者の死亡の時にさかのぼってその効力を生ずる。

（受遺者に対する遺贈の承認又は放棄の催告）

第987条 遺贈義務者（遺贈の履行をする義務を負う者をいう。以下この節において同じ。）その他の利害関係人は、受遺者に対し、相当の期間を定めて、その期間内に遺贈の承認又は放棄をすべき旨の催告をすることができる。この場合において、受遺者がその期間内に遺贈義務者に対してその意思を表示しないときは、遺贈を承認したものとみなす。

（受遺者の相続人による遺贈の承認又は放棄）

第988条 受遺者が遺贈の承認又は放棄をしないで死亡したときは、その相続人は、自己の相続権の範囲内で、遺贈の承認又は放棄をすることができる。ただし、遺言者がその遺言に別段の意思を表示したときは、その意思に従う。

（遺贈の承認及び放棄の撤回及び取消し）

第989条 遺贈の承認及び放棄は、撤回することができない。

2 第919条第2項及び第3項の規定（著者注：相続の承認や放棄の規定）は、遺贈の承認及び放棄について準用する。

第986条

遺贈は放棄できることを定めています。

この点、遺産分割方法の指定の遺言の場合は、判例によって、放棄できないことになっていることと異なります（117ページ参照）。

第987条　第988条

遺贈を放棄するかしないかを早期に明らかにするための規定です。

第989条

1項で、遺贈も、相続の限定承認や相続放棄と同様、ひとたび承認すると、法的安定を守るため、撤回できないことになっています。

しかし、2項で、民法総則規定を準用していますので、遺贈の承認や放棄も、錯誤による取消し（令和4月1日からの改正債権法施行後のこと。その前にあっては錯誤による「無効」の主張）などはできます。

3 包括受遺者の権利義務

（包括受遺者の権利義務）
第990条 包括受遺者は、相続人と同一の権利義務を有する。

本条は、包括受遺者、すなわち包括遺贈を受けた者は、相続人と同一の権利義務を有するという規定です。

包括遺贈とは、財産全部又は一定割合（例えば1/3）を遺贈することをいいます。

 補説 ··

3-1 相続人と同一の権利義務の承継の意味

相続人がいて包括受遺者がいる場合で、包括受遺者の受遺割合が例えば1/3などという「一部の割合の包括遺贈」の場合は、相続人と包括受遺者との間で遺産分割をすることになります。また、債務も、受遺割

合で承継します。

　これが「包括受遺者は、相続人と同一の権利義務を有する。」という意味になります。

　この場合で、遺産分割をした結果受遺者が特定の遺産を取得することになったときには、相続人全員（遺言執行者がいる場合は遺言執行者）が、その履行をすることになります（参照：第1012条第2項「遺言執行者がある場合には、遺贈の履行は、遺言執行者のみが行うことができる。」）。

　相続人の場合は、遺産分割で特定の遺産を取得したとき、当該相続人が単独で当該遺産について移転登記（相続登記）手続ができますが、受遺者の場合は、遺言執行が必要になるのです（後述）。

3-2　代襲遺贈はない

　包括受遺者の権利義務は、相続人と同一ですが、包括受遺者が常に相続人と同視されるわけではありません。代襲相続と同じような代襲遺贈はありません。後述の第994条「遺贈は、遺言者の死亡以前に受遺者が死亡したときは、その効力を生じない。」が明確にこれを否定しているのです。

4　受遺者の担保請求権

条文

（受遺者による担保の請求）

第991条　受遺者は、遺贈が弁済期に至らない間は、遺贈義務者に対して相当の担保を請求することができる。停止条件付きの遺贈についてその条件の成否が未定である間も、同様とする。

遺贈に期限や条件が付いている場合、受遺者は期限が到来するまでや条件が成就するまでに遺贈義務者が無資力になると心配するときは、担保の請求ができます。

　その相手は、遺贈義務者すなわち相続人全員です。

5　受遺者による果実の取得

条文

（受遺者による果実の取得）

第992条　受遺者は、遺贈の履行を請求することができる時から果実を取得する。ただし、遺言者がその遺言に別段の意思を表示したときは、その意思に従う。

　これは特定遺贈の場合です。特定遺贈の対象財産は、第985条により遺言者の死亡の時に受遺者に移転しますが、果実は「遺贈の履行を請求する時」から取得できます。

　実務上、果実としては、預金利子、不動産の賃料、株式の配当金があります。

補説

5-1　「遺贈の履行を請求することができる時」という言葉の意味

　本条における「遺贈の履行を請求することができる時」という言葉の意味に争いがあります。

　その中で、相続人が、遺贈の事実を知らないで、善意で果実を得た期間は、受遺者からの果実の返還請求はできないという説が有力です。

6 遺贈義務者による費用の償還請求

（遺贈義務者による費用の償還請求）

第993条　第299条の規定（著者注：留置権者の費用償還請求に関する規定）は、遺贈義務者が遺言者の死亡後に遺贈の目的物について費用を支出した場合について準用する。

2 果実を収取するために支出した通常の必要費は、果実の価格を超えない限度で、その償還を請求することができる。

　本条は、相続開始時から受遺者の手に遺贈財産が渡るまでに、遺贈義務者が費用をかけている場合は、費用負担者から受遺者に対しその償還請求ができるという規定です。

　2項は、受遺者に対しては、遺贈財産の価額よりも多くなる必要費の請求は許されないという規定です。

7 受遺者の死亡による遺贈の失効

（受遺者の死亡による遺贈の失効）

第994条　遺贈は、遺言者の死亡以前に受遺者が死亡したときは、その効力を生じない。

2 停止条件付きの遺贈については、受遺者がその条件の成就前に死

亡したときも、前項と同様とする。ただし、遺言者がその遺言に別段の意思を表示したときは、その意思に従う。

　1項は、遺言者の死亡以前に受遺者が死亡したときは、遺贈の効力が生じないことを明らかにしたものです。

　2項は、条件付遺贈の場合も同じだとするものですが、遺言者が別段の意思を表示したときは、それに従うことにするという規定です。
　なお、1項についても、第995条ただし書によって、遺言者の別段の意思があるときは、それに従うことになります。

8　遺贈の無効又は失効の場合の遺産の帰属

（遺贈の無効又は失効の場合の財産の帰属）
第995条　遺贈が、その効力を生じないとき、又は放棄によってその効力を失ったときは、受遺者が受けるべきであったものは、相続人に帰属する。ただし、遺言者がその遺言に別段の意思を表示したときは、その意思に従う。

　本条の本文は、当然の理を条項にしたものです。
　本条のただし書の例としては、

> 遺言書
> 　私は姪の○子に……を遺贈するが、この遺言の効力が発生する前

> に○子が死亡するか、遺贈を放棄したときは、甥の△男に遺贈する。

などが考えられます。

9 相続財産に属しない権利の遺贈

条文

（相続財産に属しない権利の遺贈）

第996条 遺贈は、その目的である権利が遺言者の死亡の時において相続財産に属しなかったときは、その効力を生じない。ただし、その権利が相続財産に属するかどうかにかかわらず、これを遺贈の目的としたものと認められるときは、この限りでない。

第997条 相続財産に属しない権利を目的とする遺贈が前条ただし書の規定により有効であるときは、遺贈義務者は、その権利を取得して受遺者に移転する義務を負う。

2 前項の場合において、同項に規定する権利を取得することができないとき、又はこれを取得するについて過分の費用を要するときは、遺贈義務者は、その価額を弁償しなければならない。ただし、遺言者がその遺言に別段の意思を表示したときは、その意思に従う。

第996条

　遺言者が、自らは持っていない財産を遺贈すると遺言書に書くのは、原則として無効です。ただし、その財産を手に入れた上で遺贈するとい

う趣旨が、遺言書から読み取れるときは、その遺贈は有効になります。

第997条

前条ただし書で有効とされる遺贈があれば、相続人が、その財産を手に入れて受遺者に移転する義務を負います。その場合、相続人がその財産を手に入れることができないときは、相続人は受遺者に対し、価額の弁償をしなければなりません。ただし、遺言者が、遺言書で「手に入らない場合は受遺者に遺贈しない。」などと書いておけば、相続人には価額賠償の義務は生じません。

10　不特定物の遺贈義務者の担保責任

（遺贈義務者の引渡義務）

第998条　遺贈義務者は、遺贈の目的である物又は権利を、相続開始の時（その後に当該物又は権利について遺贈の目的として特定した場合にあっては、その特定した時）の状態で引き渡し、又は移転する義務を負う。ただし、遺言者がその遺言に別段の意思を表示したときは、その意思に従う。

第998条

遺贈の対象物は、被相続人が亡くなった時の状態で、受遺者に引き渡せばよく、相続人は、修理などする義務はありません。

ただし、遺言者が別段の意思を表示したときは、その意思に従います。

とはいうものの、遺言で、相続人に義務を課すことはできませんので、別段の意思の表示方法には、智恵を必要とします。

11 遺贈の物上代位

（遺贈の物上代位）

第999条 遺言者が、遺贈の目的物の滅失若しくは変造又はその占有の喪失によって第三者に対して償金を請求する権利を有するときは、その権利を遺贈の目的としたものと推定する。

2 遺贈の目的物が、他の物と付合し、又は混和した場合において、遺言者が第243条から第245条までの規定（著者注：動産の付合等に関する規定）により合成物又は混和物の単独所有者又は共有者となったときは、その全部の所有権又は持分を遺贈の目的としたものと推定する。

第1000条 削除

（債権の遺贈の物上代位）

第1001条 債権を遺贈の目的とした場合において、遺言者が弁済を受け、かつ、その受け取った物がなお相続財産中に在るときは、その物を遺贈の目的としたものと推定する。

2 金銭を目的とする債権を遺贈の目的とした場合においては、相続財産中にその債権額に相当する金銭がないときであっても、その金額を遺贈の目的としたものと推定する。

第999条

遺贈対象の財産が、相続開始前に、例えば焼失し火災保険金請求権が

発生していた場合は、遺言者は火災保険金請求債権を遺贈したものと推定されます。

第1001条

　1項は金銭債権以外の債権についての規定です。例えば、遺言書に米1kgの債権があるとしてこれを遺贈した場合において遺言者が生きている間にその弁済を受けてその米が遺言者の手元に残っているときは、その手元にある米を遺贈したものと推定するが、手元に残っていないものは遺贈したものとはみないという規定です。

　2項は、金銭債権に関する規定です。例えば100万円の貸金債権を遺贈した場合で、遺言者が生きている間に債務者からその100万円の返済を受けたときは、遺言者の手元に100万円が残っていなくとも、遺言者はその金額を遺贈の目的としたものと推定するという規定です。

　しかしながら、金銭を目的とする債権であっても、それが預貯金債権の場合は、遺言者が亡くなった時点で存在していた金額だけが遺贈の目的になり、遺言者が遺言を書いた後払い戻しを受けた金額は遺贈の対象にはならないと解されています。

12　負担付遺贈

条文

（負担付遺贈）
第1002条　負担付遺贈を受けた者は、遺贈の目的の価額を超えない限度においてのみ、負担した義務を履行する責任を負う。

2 受遺者が遺贈の放棄をしたときは、負担の利益を受けるべき者は、自ら受遺者となることができる。ただし、遺言者がその遺言に別段の意思を表示したときは、その意思に従う。

（負担付遺贈の受遺者の免責）

第1003条 負担付遺贈の目的の価額が相続の限定承認又は遺留分回復の訴えによって減少したときは、受遺者は、その減少の割合に応じて、その負担した義務を免れる。ただし、遺言者がその遺言に別段の意思を表示したときは、その意思に従う。

第1002条1項

本規定でいう負担付遺贈とは、負担（債務）が伴う遺贈のことです。

例えば、「妻が亡くなるまで妻に毎月20万円ずつ生活費を支払うこと」を負担の内容として不動産を遺贈した場合、負担の履行は、不動産の価額を超えない限度まですればよく、それ以後は、履行の義務はありません。

2項

1項の例でいえば、受遺者が負担付遺贈を放棄したときは、負担の利益を受ける妻が受遺者になることができることになります。

第1003条

本条は、相続の限定承認や遺留分侵害額の支払により、負担付遺贈の目的の価額が減少したときは、その割合で負担（義務）も減少するという規定です。

第4節　遺言の執行

1　遺言書の検認

（遺言書の検認）

第1004条　遺言書の保管者は、相続の開始を知った後、遅滞なく、これを家庭裁判所に提出して、その検認を請求しなければならない。遺言書の保管者がない場合において、相続人が遺言書を発見した後も、同様とする。

2 前項の規定は、公正証書による遺言については、適用しない。

3 封印のある遺言書は、家庭裁判所において相続人又はその代理人の立会いがなければ、開封することができない。

（過料）

第1005条　前条の規定により遺言書を提出することを怠り、その検認を経ないで遺言を執行し、又は家庭裁判所外においてその開封をした者は、5万円以下の過料に処する。

　遺言書の検認は、自筆証書遺言の場合のみ必要とされています。

　このうち、平成30年の相続法の改正の時に制定された遺言書保管法によって、法務局で保管される自筆証書遺言については、検認を受ける必要はありません。

　公正証書遺言については、検認の必要はありません（2項）。

2 遺言執行者

2-1 遺言執行者の指定

（遺言執行者の指定）

第1006条 遺言者は、遺言で、一人又は数人の遺言執行者を指定し、又はその指定を第三者に委託することができる。

2 遺言執行者の指定の委託を受けた者は、遅滞なく、その指定をして、これを相続人に通知しなければならない。

3 遺言執行者の指定の委託を受けた者がその委託を辞そうとするときは、遅滞なくその旨を相続人に通知しなければならない。

遺言者は、遺言で、遺言執行者を指定することができます。第三者に遺言執行者の指定を委託することもできます。

前者の遺言を「遺言執行者指定遺言」といい、後者の遺言を「遺言執行者指定の委託遺言」といいます。

遺言執行者の指定の委託を受けた第三者は、遺言執行者を指定して相続人に通知する義務がありますが、遺言執行者の指定の委託を辞そうと思うときは、相続人のその旨を通知する義務があります。

このように遺言者は遺言執行者を指定することができますが、遺言で指定された遺言執行者が、遺言執行者に就職するかどうかは分かりません。

そこで法は、早期に遺言執行書の就職の意思を確認するため、催告などの手続規定（第1008条）を設けています。

なお、遺言執行者に就職した者は、その事実を相続人に通知しなければなりません。それは、相続人に遺言執行者のする仕事の妨害（意図的な妨害に限らず、遺言執行者がする遺贈の対象になる財産を、相続人間で遺産分割するなどを含みます。）をさせなくするためです（第1013条）。

2-2 遺言執行者の任務の開始

条文

（遺言執行者の任務の開始）

第1007条 遺言執行者が就職を承諾したときは、直ちにその任務を行わなければならない。

2 遺言執行者は、その任務を開始したときは、遅滞なく、遺言の内容を相続人に通知しなければならない。

遺言執行者が就職を承諾したときは、直ちにその任務を行わなければならず、その任務を開始したときは相続人に通知しなければなりませんが、遺言執行者になることを承諾するかどうかについては、以下の規定が準備されています。

2-3 遺言執行者に対する就職の催告

（遺言執行者に対する就職の催告）

第1008条 相続人その他の利害関係人は、遺言執行者に対し、相当の期間を定めて、その期間内に就職を承諾するかどうかを確答すべき旨の催告をすることができる。この場合において、遺言執行者が、その期間内に相続人に対して確答をしないときは、就職を承諾したものとみなす。

本規定により、遺言執行者になることを承諾するかどうかの催促を受けながら黙っていると、遺言執行者に就職することを承諾したことになります。

2-4 遺言執行者の欠格事由

（遺言執行者の欠格事由）

第1009条 未成年者及び破産者は、遺言執行者となることができない。

本規定により、未成年者と破産者は、遺言執行者になれません。

未成年者は法律上の無能力者であること、破産者は他人の財産を託すほど信用はできない者であることが理由です。

2-5 遺言執行者の選任

（遺言執行者の選任）

第1010条 遺言執行者がないとき、又はなくなったときは、家庭裁判所は、利害関係人の請求によって、これを選任することができる。

遺言執行者がいないときや、辞任や解任などでいなくなったときは、利害関係人から請求があれば、裁判所は遺言執行者を選任してくれます。

補説

2-5-1 改正前にあった謬説の一つ

改正前に、遺言執行者を相続人の代理人であるとの謬説（間違った説）があったことは「はじめに」で述べましたが、この謬説から、遺言執行者は相続人が委託したもの、したがって、遺言執行者は相続人から相続財産の調査を求められるとそれをする義務があるとか、相続人に報告する義務があるなどという謬論が生まれました。

しかしながら、相続法では、遺言執行者は遺言者が指定するか、または遺言者が指定の委託をした第三者が指定するか（1006）、もしくは、利害関係人の請求によって家庭裁判所が選任する（1010）方法でしか、遺言執行者が生れることはありません。

遺言執行者と、相続人とは、利害が一致することは少ないのですから、相続人が遺言執行者の選任を家庭裁判所に請求することも許されていません。

3 遺言執行者の権利義務

3-1 遺言執行者の相続財産目録調製義務

（相続財産の目録の作成）

第1011条 遺言執行者は、遅滞なく、相続財産の目録を作成して、相続人に交付しなければならない。

（遺言執行者の権利義務）

第1012条 遺言執行者は、遺言の内容を実現するため、相続財産の管理その他遺言の執行に必要な一切の行為をする権利義務を有する。

（遺言の執行の妨害行為の禁止）

第1013条 遺言執行者がある場合には、相続人は、相続財産の処分その他遺言の執行を妨げるべき行為をすることができない。

（特定財産に関する遺言の執行）

第1014条 前3条の規定は、遺言が相続財産のうち特定の財産に関する場合には、その財産についてのみ適用する。

（著者注：ここでは上記4箇条は第1項のみを引用）

第1011条は、遺言執行者が遺言執行をするため（1012）、相続人にその妨害をさせないため（1013）、遺言執行の対象になる相続財産に限

って（1014）、その目録を作成しそれを相続人に交付させる義務（これは「相続財産目録調製義務」といわれます）を、遺言執行者に課した規定です。

補説 ....

3-1-1　謬論

改正前にあっては、遺言執行者の相続財産目録調製義務を、遺言執行とは関係のない、遺言執行者の相続人に対する義務だとする謬説が、広く信じられていました。

しかし、この説は、裁判所では次の審判例に見られるように、当然のごとく、一蹴されております。

名古屋家裁平成7年10月3日審判

遺言執行者とは、遺言が効力を生じた後にその内容を実現するのに必要な事務を執行すべき者である……。申立人は、相続人として、遺留分減殺の請求をするために相続財産の目録の交付を受け、さらに相続財産の管理の状況を知る必要がある旨主張する。なるほど、民法1011条1項は遺言執行者が相続財産の目録を調製して、これを相続人に交付しなければならない旨規定……している。しかし、これらの規定はもともとすべて遺言の内容の実現を資するためのものであると認められるところ、……本件遺言の趣旨と逆の立場にある申立人が、遺言の執行と関係のないことを遺言執行者に求め、これをしないからといって任務違背とすることはできないものである。　よって、本件申立（著者注：遺言執行者の解任の申立て）は理由がないからこれを却下する……。

3-2 遺言執行者の権利義務と遺贈の履行

条文

（遺言執行者の権利義務）

第1012条 遺言執行者は、遺言の内容を実現するため、相続財産の管理その他遺言の執行に必要な一切の行為をする権利義務を有する。

2 遺言執行者がある場合には、遺贈の履行は、遺言執行者のみが行うことができる。

3 第644条から第647条まで及び第650条の規定（著者注：受任者に関する規定）は、遺言執行者について準用する。

　本条は、もともと第1項（ただし、青色表示部分はなかった）と第3項（ただし、これは2項であった）だけだったものが、平成30年改正時に第2項が加えられ（それまでの第2項は3項に繰り下げられ）ました。

───── 補説 ─────

3-2-1　遺贈の遺言執行

　第1012条第2項は、次の判例を明文化したものとされています。

> 最高裁昭和43年5月31日判決
> 　遺言の執行について遺言執行者が指定されまたは選任された場合においては、遺言執行者が相続財産の、または遺言が特定財産に関するときはその特定財産の管理その他遺言の執行に必要な一切の行為をする権利義務を有し、相続人は相続財産ないしは右特

> 定財産の処分その他遺言の執行を妨げるべき行為をすることはできないこととなるのであるから（民法1012条ないし1014条）、本訴のように、特定不動産の遺贈を受けた者がその遺言の執行として目的不動産の所有権移転登記を求める訴において、被告としての適格を有する者は遺言執行者にかぎられるのであつて、相続人はその適格を有しないものと解するのが相当である。

　要は、遺贈の履行という遺言執行は、遺言者の地位を承継した相続人がするのが筋であるが、相続人が、自分たちに不利益になる遺贈の履行をする保障はないので、遺言執行者がある場合は、（相続人には遺贈を履行する権限は与えず）遺言執行者のみに遺贈の履行を行わせるというものです。

3-3　相続人の遺言執行妨害禁止義務

条文

（遺言の執行の妨害行為の禁止）

第1013条　遺言執行者がある場合には、相続人は、相続財産の処分その他遺言の執行を妨げるべき行為をすることができない。

2 前項の規定に違反してした行為は、無効とする。ただし、これをもって善意の第三者に対抗することができない。

3 前2項の規定は、相続人の債権者（相続債権者を含む。）が相続財産についてその権利を行使することを妨げない。

　相続人は、本来なら、遺言者（被相続人）の地位の承継者として、遺

贈の履行など遺言執行をする権利義務はありますが、遺言執行者が選任されている場合は、その権利も義務も認めらないことになります。その場合、相続人は、遺言執行者の遺言の執行を妨害してはならない義務を課されている（1013）のです。

3-4 特定財産に関する遺言の執行

（特定財産に関する遺言の執行）

第1014条 前3条の規定は、遺言が相続財産のうち特定の財産に関する場合には、その財産についてのみ適用する。

2 遺産の分割の方法の指定として遺産に属する特定の財産を共同相続人の一人又は数人に承継させる旨の遺言（以下「特定財産承継遺言」という。）があったときは、遺言執行者は、当該共同相続人が第899条の2第1項に規定する対抗要件を備えるために必要な行為をすることができる。

3 前項の財産が預貯金債権である場合には、遺言執行者は、同項に規定する行為のほか、その預金又は貯金の払戻しの請求及びその預金又は貯金に係る契約の解約の申入れをすることができる。ただし、解約の申入れについては、その預貯金債権の全部が特定財産承継遺言の目的である場合に限る。

4 前2項の規定にかかわらず、被相続人が遺言で別段の意思を表示したときは、その意思に従う。

第1項は、遺言執行者が、特定の財産についてだけ遺言執行をする場

合は、相続財産目録の調製（第1011条）も、遺言の執行（第1012条）も、相続人がしてはならない行為（第1013条）も、その特定の財産についてだけでよいとする規定です。

　それ以外の相続財産は、遺言執行者が関与することはなく、相続人間で遺産分割をすることになります。

　第2項は、遺言実務で最も多い特定財産承継遺言における遺言執行者の権限として、登記・登録という対抗要件を備える権限を認めた規定です。

　第3項は、同じく、特定財産承継遺言における遺言執行者には、特定財産が預貯金債権である場合は、対抗要件を備える通知行為をすることができるほか、預貯金の払戻請求などもできる権限を与えた規定です。

補説

3-4-1　改正法で、特定財産承継遺言に関する遺言執行者の権限規定（第1014条第2項および第3項）が置かれるまでの経緯

(1) いわゆる「相続させる」遺言

　前述しましたが、平成3年に出た下記判例は、特定の遺産を特定の相続人に「相続させる」と書かれた遺言は、特段の事情がない限り、民法第908条の遺産分割方法の指定遺言であることを明らかにしました。

　このような遺言は、いわゆる「相続させる」遺言といわれます。

最高裁平成 3 年 4 月 19 日判決

　遺言書において特定の遺産を特定の相続人に「相続させる」趣旨……の遺言は、遺言書の記載から、その趣旨が遺贈であることが明らかであるか又は遺贈と解すべき特段の事情がない限り、……正に同条（民法第 908 条）にいう遺産の分割の方法を定めた遺言であり、……当該遺言において相続による承継を当該相続人の受諾の意思表示にかからせたなどの特段の事情のない限り、何らの行為を要せずして、被相続人の死亡の時（遺言の効力の生じた時）に直ちに当該遺産が当該相続人に相続により承継されるものと解すべきである。そしてその場合、……当該遺産については、右の協議（著者注：遺産分割の協議のこと）又は審判を経る余地はないものというべきである。……

（著者注：下線も波線も著者が入れたもの）

　そして、この判例は、遺産分割方法の指定遺言の場合は、遺言執行は予定されていないことも明らかにしました（上記判決文の下線部分に書かれています。）。

　要は、遺産分割方法の指定遺言においては、遺言執行者がいても、遺言執行をすることはないことが、この判例で明らかにされたのです。

　また、遺産分割方法の指定遺言（特定財産承継遺言）の対象になった財産は、遺言者の手で遺産分割を完了させた財産になりますので、この判例がいうように「当該遺産については、右の協議（著者注：遺産分割の協議のこと）又は審判を経る余地はない」ものになります。つまりは、相続開始後に相続人間で遺産分割をする余地はないことになります（上記判例の波線部分）。

要は、遺産分割方法の指定遺言の対象になった財産は、遺言者の意思で特定の相続人に取得させた財産であるから、当該相続人が相続放棄をしない限り、その取得を拒否できないというものです。

(2)　登記実務の運用が変わる

　この判決を受けて、登記実務が変更になりました。

　それまでは、いわゆる特定の遺産を特定の相続人に「相続させる」趣旨の遺言によって、特定の相続人（このような相続人を「受遺相続人」といいます。）が特定の遺産を取得した場合にする相続登記手続は、遺言執行者ができていたのですが、同判決以後は、遺言執行者ではできず、受遺相続人だけができるようになったのです。

　その理由は、香川判決の判示部分のうち下線を引いた箇所に書かれたとおり、遺産分割方法の指定により被相続人から相続人への特定財産の承継は「何らの行為を要せずして」、つまるところ、遺言執行者の関与なく、完結しているのであるから、遺言執行者には相続登記手続をする権限はないというものであったのです。

(3)　登記実務を追認する判例の出現

　その後、前記登記実務を追認する次のような判例が出されました。

最高裁平成7年1月24日判決
　特定の不動産を特定の相続人甲に相続させる旨の遺言により、甲が被相続人の死亡とともに相続により当該不動産の所有権を取得した場合には、甲が単独でその旨の所有権移転登記手続をすることができ、遺言執行者は、遺言の執行として右の登記手続をする義務を負うものではない。

これによれば、いわゆる「相続させる」遺言、すなわち遺産分割方法の指定遺言における遺言執行者には、受遺相続人のための相続登記手続をする義務はないことになります。では、権限もないのかといいますと、次の判例は、遺言執行者に受遺相続人への移転登記手続をする権限を認めました。

(4) 遺言執行者に限定的な登記権限を認めた判例が出る
　平成 11 年に次の判例が出されました。

最高裁平成 11 年 12 月 16 日判決
　特定の不動産を特定の相続人甲に相続させる趣旨の遺言（相続させる遺言）は、特段の事情がない限り、当該不動産を甲をして単独で相続させる遺産分割方法の指定の性質を有するものであり、これにより何らの行為を要することなく被相続人の死亡の時に直ちに当該不動産が甲に相続により承継されるものと解される（香川判決を引用）。しかしながら、相続させる遺言が右のような即時の権利移転の効力を有するからといって、<u>当該遺言の内容を具体的に実現するための執行行為が当然に不要になるというものではない</u>。
　そして、不動産取引における登記の重要性にかんがみると、相続させる遺言による権利移転について対抗要件を必要とすると解すると否とを問わず、甲に当該不動産の所有権移転登記を取得させることは、民法 1012 条 1 項にいう「遺言の執行に必要な行為」に当たり、遺言執行者の職務権限に属するものと解するのが相当である。もっとも、登記実務上、相続させる遺言については不動産登記法 27 条により甲が単独で登記申請をすることができるとさ

れているから、当該不動産が被相続人名義である限りは、遺言執行者の職務は顕在化せず、遺言執行者は登記手続をすべき権利も義務も有しない（最高裁平成7年1月24日判決引用）。

しかし、本件のように、甲への所有権移転登記がされる前に、他の相続人が当該不動産につき自己名義の所有権移転登記を経由したため、遺言の実現が妨害される状態が出現したような場合には、遺言執行者は、遺言執行の一環として、右の妨害を排除するため、右所有権移転登記の抹消登記手続を求めることができ、さらには、甲への真正な登記名義の回復を原因とする所有権移転登記手続を求めることもできると解するのが相当である。この場合には、甲において自ら当該不動産の所有権に基づき同様の登記手続請求をすることができるが、このことは遺言執行者の右職務権限に影響を及ぼすものではない。

これによれば、遺産分割方法の指定遺言における遺言執行者は、遺言の実現が妨害されるような状態が出現したような場合には、登記手続をする権限があるということになります。

(5) 平成30年改正法で、相続登記権限規定が置かれる

以上のような判例の進展後、平成30年改正相続法は、遺産分割方法の指定遺言における遺言執行者は、受遺相続人への相続登記手続をできるものとしました。それが、前記第1014条第2項です。

3-4-2　遺産の分割の方法を定めた遺言→特定財産承継遺言

改正前では、特定の遺産を特定の相続人に相続させる遺言は、遺贈と解すべき特段の事情がない限り、民法908条でいう「遺産の分割の方

法を定めた」遺言とされていましたが、平成 30 年改正法の本条 2 項は、「遺産の分割の方法の指定として遺産に属する特定の財産を共同相続人の一人又は数人に承継させる旨の遺言」を「特定財産承継遺言」というと規定しました。

遺産分割方法の指定遺言というより、特定財産承継遺言という方が、理解し易いので、本書でも、以下、この用語を使うことにします。

4 預貯金に対する権限も付与

（特定財産に関する遺言の執行）

第1014条

3 前項の財産が預貯金債権である場合には、遺言執行者は、同項に規定する行為のほか、その預金又は貯金の払戻しの請求及びその預金又は貯金に係る契約の解約の申入れをすることができる。ただし、解約の申入れについては、その預貯金債権の全部が特定財産承継遺言の目的である場合に限る。

4 前 2 項の規定にかかわらず、被相続人が遺言で別段の意思を表示したときは、その意思に従う。

平成 30 年改正法第 1014 条第 3 項は、特定財産承継遺言（改正前でいう「遺産分割方法の指定遺言」）の対象になった財産が、預貯金債権である場合は、前項に規定された行為、すなわち、債権の移転についての①対抗要件を備えるために必要な行為をすることができるほか、②預

貯金の払戻しの請求、それに③その預貯金債権の全部が特定財産承継遺言の目的である場合には解約の申入れもできるという規定を置きました。これも第2項と同様新設規定です。

ただし書の意味

　預金債権の一部、例えば被相続人名義の普通預金のうち100万円というような預金の一部であることを明らかにした遺言がある場合は、遺言執行者は、その金額の払戻しを受けこれを受遺相続人に交付すれば十分なのですから、その預貯金契約の解約権までは与えていません。

 ....

4-1　実務の慣習を承認したもの

　実は、改正前から、金融実務では、特定財産承継遺言における遺言執行者が、受遺相続人が取得した預貯金債権についての払戻しを認めていましたので、これを明文化したものです。

5　遺言執行者の行為の効果

（遺言執行者の行為の効果）

第1015条　遺言執行者がその権限内において遺言執行者であることを示してした行為は、相続人に対して直接にその効力を生ずる。

　本条は、遺言執行者のした権限内の行為の効果は、相続人に及ぶとい

う当然の理を定めたものです。

5-1　改正前の条文とそこから生まれた謬説と謬論

　改正前の民法第1015条は「遺言執行者は、相続人の代理人とみなす。」と規定していました。

　ここから、遺言執行者は相続人の代理人であるとの謬説が生まれました。

　さらにそこから、①遺言執行者は、相続人から委託を受けた者であるとか、②遺言執行者は、相続人から命じられ（求められた）場合、相続財産の調査をして相続人に報告をする義務や相続財産目録を作って相続人に交付する義務があるとか、③遺言執行者には、相続人間で中立公正に遺言を執行する義務があるので、相続人廃除の遺言執行をすることは許されないなどという謬論が生まれました。

　しかしながら、もし遺言執行者が相続人の代理人であるというのなら、遺言執行者は相続人に法律効果を帰属せしめる法律行為をする権限（代理権）があるということになりますが、遺言執行者にできることは遺言の執行だけです。

　遺言執行者には、遺言の執行以外に、相続人の代理人として法律行為をする権限（代理権）は全くありません。ましてや法律行為でもない財産の調査や調査結果の報告というような事実行為をする権限も義務もありません。遺言執行者は相続人の召使いではないのです。

代理人の意味	
謬論	本人が命じたこと（財産調査などの事実行為）に従う者。
法律論	本人に代わって法律行為をし、法律効果を本人に帰属させる者（例：親権者が未成年者の代理人になって物を買う契約を結ぶことで、未成年者に物の所有権を帰属させ、同時に売買代金支払義務を帰属させるような代理権を有する者）。

　また、遺言執行者は、相続人が委託した者ではありません。遺言執行者は、被相続人（遺言者）が遺言書で指定する（1006）か、指定を第三者に委託して第三者が指定する（1006）か、利害関係人からの請求で家庭裁判所が選任する（1010）かのいずれかでしか誕生することはありません。

遺言執行者の身分	
謬論	相続人との間に委託・受託の関係がある者（根拠なし）。
法律論	遺言者が指定した者（1006）または遺言者が委託した第三者が指定した者（1006）もしくは家庭裁判所が選任した者（1010）。

　さらには、遺言執行者には、相続人間で中立・公正に遺言執行をする義務などはありません。遺言執行は、自分のする遺言執行が、相続人間において中立であるとか公正であるとかの判断をする権限もありません。ただ遺言執行をする義務を負うだけです。遺言執行の内容が相続人廃除である場合は、明らかに当該相続人の利益と対立するものですので、相続人間では不公平な結果になりますが、遺言者の意思が特定の相続人を廃除するものである限り、遺言執行者は相続人の廃除の遺言執行をしなければならないのです（民法893条）。

遺言執行者が相続人の廃除の遺言執行ができるか？	
謬論	遺言執行者は中立公正に遺言執行をする義務があるので相続人の廃除は許されない。
法律論	民法の条文は、「被相続人が遺言で推定相続人を廃除する意思を表示したときは、遺言執行者は、その遺言が効力を生じた後、遅滞なく、その推定相続人の廃除を家庭裁判所に請求しなければならない。」（民法第893条）と定めているので、遺言執行者には相続人の廃除をしないでよい自由は認められない。

5-2　遺言執行者実務の混乱と文言の改正

　遺言執行者を相続人の代理人であるとする謬説や、遺言執行者には、相続人廃除の遺言執行をしてはならないなどという謬論は、とるにたりない謬説・謬論というべきものですが、これは意外に広く信じられる状況になったことから、遺言執行者実務に少なからぬ混乱を引き起こしました。

　遺言執行者に対し、相続人から、財産の調査や報告その他使い走りに類した事実行為を命ぜられる結果を現出しただけでなく、相続人の要求に応えない遺言執行者は家庭裁判所に解任請求をされる、弁護士が遺言執行者の場合は懲戒請求がなされるなどが多発したのです（149ページの家庭裁判所審判参照）。そのため、遺言執行者自身の中からも勘違いする者が出、遺言者の意思が書かれた遺言書の実現（遺言執行）をしなければならない遺言執行者が、遺言者の意思に反する行為をするなど、本末転倒の行動をとる者まで出たのです。

　平成30年相続法の改正では、本条の文言は、誤解を招くおそれがあ

るとの理由で、「遺言執行者がその権限内において遺言執行者であることを示してした行為は、相続人に対して直接にその効力を生ずる。」に改められましたが、立法者も、これ以上の遺言執行者制度の混乱を見逃せないと考えたものと思います。

5-3 旧規定の文言「遺言執行者は、相続人の代理人とみなす。」は、立法上の不備であったこと

相続法の権威者であった中川善之助の著書「相続法」（有斐閣・法律学全集 24）には、「多くの遺言は、その内容を実現するために事務を必要とする。この事務は相続人自身が行うこともあるが、遺言は、しばしば、相続人の利益と相反する。相続人廃除の遺言などは最も明瞭な例であるが、普通一般の遺贈にしても、相続人とは利害が背馳する。かかる場合、相続人に遺言を執行させることは、不都合である。誰か別に執行の事務を行う者があって然るべきものといえよう。こうして生まれたものが、遺言執行者である。それでは、遺言執行者は誰のために執行の事務を行うのか。最も常識的に考えれば、執行者は、遺言者に代わって、遺言を実現させる者といえよう。廃除の場合など、明らかに父に代わって子の相続権を剥奪しようとするのである。しかしわが国には死者の代理人というものはない。相続財産の代理人という説も、相続財産が法人でない以上むつかしい。そこで民法は、相続財産の結局の帰属者という意味での相続人を代理するものとみなす、いわゆる相続人代理説をとった。世界の学会では、つとに問題とされ、ほとんど葬り去られたに近い学説である」と説いているところです。

新版注釈民法（28）は、「（民法 1015 条の）構成は、多くの論者の指摘するように、必ずしも十全な構成とはいえない。……本条の主たる意

味は、遺言執行者の行為の効果が相続人に帰属することを明らかにしたものと考えるべきことになる。」と書かれています。

　これらの専門書や教科書に書かれた記述からも、旧規定の文言が、世界に例のないような不備を内包したものであったことは明らかでしょう。

6　遺言執行者の復任権、辞任・解任、報酬について

（遺言執行者の復任権）

第1016条　遺言執行者は、自己の責任で第三者にその任務を行わせることができる。ただし、遺言者がその遺言に別段の意思を表示したときは、その意思に従う。

2 前項本文の場合において、第三者に任務を行わせることについてやむを得ない事由があるときは、遺言執行者は、相続人に対してその選任及び監督についての責任のみを負う。

（遺言執行者が数人ある場合の任務の執行）

第1017条　遺言執行者が数人ある場合には、その任務の執行は、過半数で決する。ただし、遺言者がその遺言に別段の意思を表示したときは、その意思に従う。

2 各遺言執行者は、前項の規定にかかわらず、保存行為をすることができる。

（遺言執行者の報酬）

第1018条 家庭裁判所は、相続財産の状況その他の事情によって遺言執行者の報酬を定めることができる。ただし、遺言者がその遺言に報酬を定めたときは、この限りでない。

2 第648条第2項及び第3項の規定（著者注：委任契約に関する規定）は、遺言執行者が報酬を受けるべき場合について準用する。

（遺言執行者の解任及び辞任）

第1019条 遺言執行者がその任務を怠ったときその他正当な事由があるときは、利害関係人は、その解任を家庭裁判所に請求することができる。

2 遺言執行者は、正当な事由があるときは、家庭裁判所の許可を得て、その任務を辞することができる。

（委任の規定の準用）

第1020条 第654条及び第655条の規定は、遺言執行者の任務が終了した場合について準用する。

（遺言の執行に関する費用の負担）

第1021条 遺言の執行に関する費用は、相続財産の負担とする。ただし、これによって遺留分を減ずることができない。

第1016条第1項

遺言執行者には復任権があります。

遺言執行の内容が多岐にわたり、遠隔地へも行くなど、仕事範囲が広

範囲になる場合など、この規定があると便利です。

第2項

　遺言執行者の委任した復遺言執行者のしたことについては、遺言執行者は全面的な責任がありますが、やむを得ない事由から（急病になり、早急にすべき遺言執行があるなどした場合）復遺言執行者を選任した場合は、選任と監督面でだけ責任を負うことになります。

第1017条

　遺言執行者が数人ある場合の任務の執行は過半数で決することを原則としています。

第1018条

　遺言執行者の報酬の決め方は、遺言者が遺言書に定めたときと裁判所が決定で決めたときです。

第1019条

　遺言執行者の解任も辞任も、裁判所の許可が要ります。

　遺言執行者は、相続人の代理人でも、相続人の召使いでもありません。ですから、遺言執行者が相続人の言うことを聞かないという理由での解任請求は認められません（149ページの審判例参照）。

第1021条

　遺言執行者がする遺言執行には費用がかかります。その費用は相続財産から支払うことになりますが、遺留分計算の基礎財産からその金額を控除することはできません。

第5節　遺言の撤回及び取消し

（遺言の撤回）

第1022条　遺言者は、いつでも、遺言の方式に従って、その遺言の全部又は一部を撤回することができる。

（前の遺言と後の遺言との抵触等）

第1023条　前の遺言が後の遺言と抵触するときは、その抵触する部分については、後の遺言で前の遺言を撤回したものとみなす。

2 前項の規定は、遺言が遺言後の生前処分その他の法律行為と抵触する場合について準用する。

（遺言書又は遺贈の目的物の破棄）

第1024条　遺言者が故意に遺言書を破棄したときは、その破棄した部分については、遺言を撤回したものとみなす。遺言者が故意に遺贈の目的物を破棄したときも、同様とする。

（撤回された遺言の効力）

第1025条　前三条の規定により撤回された遺言は、その撤回の行為が、撤回され、取り消され、又は効力を生じなくなるに至ったときであっても、その効力を回復しない。ただし、その行為が錯誤、詐欺又は強迫による場合は、この限りでない。

（遺言の撤回権の放棄の禁止）

第1026条 遺言者は、その遺言を撤回する権利を放棄することができない。

（負担付遺贈に係る遺言の取消し）

第1027条 負担付遺贈を受けた者がその負担した義務を履行しないときは、相続人は、相当の期間を定めてその履行の催告をすることができる。この場合において、その期間内に履行がないときは、その負担付遺贈に係る遺言の取消しを家庭裁判所に請求することができる。

第1022条

遺言の撤回は、遺言でするのが原則です。

第1023条

1項

前の遺言と後の遺言が抵触（矛盾）すると、後の遺言のみが有効になります。

2項

遺言者が、特定の財産を遺贈すると遺言書に書いた後、その財産を他に譲渡した場合は、遺言を撤回したものとみなされます。

第1024条

遺言書の破棄は遺言の撤回とされます。それ以外にも、遺言書に赤斜線を入れると遺言の破棄とされる場合があります（後述の判例参照）。

ただし、遺言書の書き方から、撤回の撤回で、元の遺言の効力を認めた判例があります（後述の判例参照）。

第1026条

遺言者は、遺言の撤回を放棄する約束をしても無効だとする規定です。

第1027条

負担付遺贈について、相続人の取消請求権を認めた規定です。

6-1 遺言者に赤色のボールペンで斜線を引いたケース

> 最高裁平成27年11月20日判決
> 　本件のように赤色のボールペンで遺言書の文面全体に斜線を引く行為は、その行為の有する一般的な意味に照らして、その遺言書の全体を不要のものとし、そこに記載された遺言の全ての効力を失わせる意思の表れとみるのが相当であるから、その行為の効力について、一部の抹消の場合と同様に判断することはできない。
> 　以上によれば、本件遺言書に故意に本件斜線を引く行為は、民法１０２４条前段所定の「故意に遺言書を破棄したとき」に該当するというべきであり、これによりAは本件遺言を撤回したものとみなされることになる。したがって、本件遺言は、効力を有しない。

6-2　遺言を撤回した行為を撤回し、元の遺言の効力を維持したい意思が表れた遺言の場合

最高裁平成 9 年 11 月 13 日判決

【事実関係】

　遺言者は最初、相続人Ａに遺産を多く相続させる遺言書（甲遺言書）を書き、二度目に、Ａに相続させる遺産を減らしＢに多くの遺産を相続させる遺言書（乙遺言書）を書き、三度目に、「Ｂに渡した遺言状は全て無効としＣ弁護士のもとで作成したものを有効とする」と記載した遺言書（丙遺言）を書いたが、ここで「Ｂに渡した遺言状」とは乙遺言書を指し、「Ｃ弁護士のもとで作成したもの」とは最初に書いた甲遺言書を指しているという事実関係が認定された事件で、最高裁は、要旨、次の判決をしています。

【判示部分】

　ところで、原遺言（著者注：甲遺言書のこと）を遺言の方式に従って撤回した遺言者が、更に右撤回遺言を遺言の方式に従って撤回した場合において、遺言書の記載に照らし、遺言者の意思が原遺言の復活を希望するものであることが明らかなときは、民法1025 条ただし書の法意にかんがみ、遺言者の真意を尊重して原遺言の効力の復活を認めるのが相当と解される。これを本件について見ると、前記一の事実関係によれば、遺言者は、乙遺言をもって甲遺言を撤回し、更に丙遺言をもって乙遺言を撤回したものであり、丙遺言書の記載によれば、遺言者が原遺言である甲遺言を復活させることを希望していたことが明らかであるから、本件においては、甲遺言をもって有効な遺言と認めるのが相当である。

6-3　死因贈与契約も撤回ができる

　民法 554 条は「贈与者の死亡によって効力を生ずる贈与については、その性質に反しない限り、遺贈に関する規定を準用する。」との規定を置いていますので、この規定の適用を受けて、死因贈与も、撤回が認められています。

　下記判例がその理由を判示しています。

> 最高裁昭和 47 年 5 月 25 日判決
>
> 　おもうに、死因贈与については、遺言の取消に関する民法 1022 条がその方式に関する部分を除いて準用されると解すべきである。けだし、死因贈与は贈与者の死亡によつて贈与の効力が生ずるものであるが、かかる贈与者の死後の財産に関する処分については、遺贈と同様、贈与者の最終意思を尊重し、これによつて決するのを相当とするからである。

6-4　負担付死因贈与契約の場合で受贈者がすでに負担を履行したときは、撤回できない

　その理は、下記判例が判示しているところです。

> 最高裁昭和 57 年 4 月 30 日判決
>
> 　負担の履行期が贈与者の生前と定められた負担付死因贈与契約に基づいて受贈者が約旨に従い負担の全部又はそれに類する程度の履行をした場合においては、贈与者の最終意思を尊重するの余り受贈者の利益を犠牲にすることは相当でないから、右贈与契約締結の動機、負担の価値と贈与財産の価値との相関関係、右契約上の利害関係者間の身分関係その他の生活関係等に照らし右負担

の履行状況にもかかわらず負担付死因贈与契約の全部又は一部の取消をすることがやむをえないと認められる特段の事情がない限り、遺言の取消に関する民法 1022 条、1023 条の各規定を準用するのは相当でないと解すべきである。

6-5　負担付遺贈が、和解によるものであるときは、撤回できない

死因贈与が裁判上の和解により成立した場合は、贈与者が、死因贈与契約を撤回することは許されません。下記判例がその旨を判示しています。

最高裁昭和 58 年 1 月 24 日判決

　右のような贈与に至る経過、それが裁判上の和解でされたという特殊な態様及び和解条項の内容等を総合すれば、本件の死因贈与は、贈与者である甲において自由には取り消すことができないものと解するのが相当である。

第 8 章

配偶者の
居住の権利

第1節　配偶者居住権

1　配偶者居住権

（配偶者居住権）

第1028条　被相続人の配偶者（以下この章において単に「配偶者」という。）は、被相続人の財産に属した建物に相続開始の時に居住していた場合において、次の各号のいずれかに該当するときは、その居住していた建物（以下この節において「居住建物」という。）の全部について無償で使用及び収益をする権利（以下この章において「配偶者居住権」という。）を取得する。ただし、被相続人が相続開始の時に居住建物を配偶者以外の者と共有していた場合にあっては、この限りでない。

①遺産の分割によって配偶者居住権を取得するものとされたとき。

②配偶者居住権が遺贈の目的とされたとき。

2 居住建物が配偶者の財産に属することとなった場合であっても、他の者がその共有持分を有するときは、配偶者居住権は、消滅しない。

3 第903条第4項の規定（著者注：婚姻期間が20年以上の夫婦に関する規定）は、配偶者居住権の遺贈について準用する。

1項

　配偶者居住権は、平成30年の相続法改正で創設された、相続人である配偶者のみに認められる権利です。

配偶者居住権は、それまで居住していた建物全部に、無償で住める権利です。それまで使っていなかった部屋を含めた建物全体を使える権利なのです（第1032条1項ただし書参照）。

　配偶者居住権が認められる建物は、被相続人が単独所有をしていた建物に限られます。他の者（配偶者以外の者）と共有していた建物について配偶者居住権は認められません。

　配偶者が配偶者居住権を取得するのは、遺産分割で得たとき（①）か、被相続人が遺贈してくれたとき（②）に限られます。

2項

　配偶者居住権の目的になった建物が、その後配偶者の単独所有になれば、配偶者居住権は混同によって消滅しますが、配偶者が単独所有をしないで共有者の一人になる場合は、配偶者居住権は消滅しません。

3項

　婚姻期間が20年以上の夫婦の一方である被相続人が、他の一方に対し、配偶者居住権を遺贈したときは、当該被相続人は、その遺贈について持戻免除の意思表示をしたものと推定されます。

 補説

1-1　建物の全部についての権利

　配偶者が、それまで被相続人と共に生活していた建物全部について、無償で終生使う権利が、配偶者居住権です。

　したがって、建物の所有権を取得した者から、配偶者に対し、配偶者がそれまで使っていなかった部分を使わせろという権利はありません。

　建物所有者に、そのような権利を認めると、配偶者に安心して住める権利の保障ができないからです。

1-2　配偶者居住権制度が創設された背景

　少子高齢社会に入ってから、高齢の相続人になった配偶者の、それまで住んでいた我が家での居住を確保する、必要とニーズが高まってきました。

　しかし、我が家の価額は高く、高齢の配偶者は、我が家をとれば老後の資金に事欠き、老後の資金をとれば我が家から出ることになるという二律背反を、強いられる人が多数でるようになったのです。

　そこで、高齢の配偶者が、安心して我が家に住み続けることができ、かつ、生活の資にも困らない方法が模索され、我が家の権利を、下図のように二つに分ける考えが生まれたのです。

自宅所有権の評価額 （例：2000 万円）		配偶者居住権の評価額 （例：1000 万円）
		負担付き所有権の評価額 （例：1000 万円）

　そのような経緯を経て、平成 30 年改正で、配偶者居住権が創設されました。

　この権利は、①相続開始後にする遺産分割と②遺贈のときだけに認められる権利です（著者注：配偶者居住権は贈与の対象になる権利ではありません。）。

1-3　「妻に配偶者居住権を相続させる。」と書いた遺言は無効だという説

　ところで、配偶者が配偶者居住権を取得するのは、遺産分割で得たと

き（①）か、被相続人が遺贈してくれたとき（②）に限られると前述しましたが、ここでいう「遺贈」について、その立法に携わった弁護士から、次のような見解が表明されていますので、紹介しておきます。

金融法務事情№. 2099「改正相続法の要点（1）」
　次に、被相続人が遺言によって配偶者に配偶者居住権を取得させるためには、遺贈によることを要し、特定財産承継遺言（遺産分割方法の指定として遺産に属する特定の財産を共同相続人の1人または数人に承継させる遺言。いわゆる相続させる遺言。1014条2項参照。）によることはできないこととしている。
　これは、仮に特定財産承継遺言による取得を認めることとすると、配偶者が配偶者居住権の取得を希望しない場合にも、配偶者居住権の取得のみを拒絶することができないために、相続放棄をするか、相続の承継をして配偶者居住権を取得するかの選択を迫られることとなり、かえって配偶者の利益を害するおそれがあること等を考慮したものである。

　上記の解釈の下では、被相続人が「妻に配偶者居住権を遺贈する。」と書けば有効だが、「妻に配偶者居住権を相続させる。」と書くと無効になるということになります（下線部分）が、法律家でもない一般の人が、理解できる解釈論とは思えません。

　もし、遺言者が、遺言書に、例えば「妻に配偶者居住権を相続させる。」と書いても、「妻に自宅に住める権利を相続させる。」と書いても、それは、本条でいう配偶者居住権の「遺贈」と解するべきでしょう。

　前記金融法務事情の論者は、最高裁平成3年4月19日判決により、「相

続させる」遺言の対象になった財産は遺産分割方法の指定（特定財産承継遺言）によるものなので、それとは違った内容の遺産分割はできない（波線部分。なお、154ページ参照）ことから、上記のような法律論を考えたものと思いますが、遺言書は、遺言者の意思を合理的に忖度して、その意思が生きるように解釈すべきものですので、「遺贈する」と書けば有効だが、「相続させる」と書けば無効になるとする解釈は、遺言者の意思を殺す結果になるものと思われます。

なお、特別受益の持戻しに関する第903条の「遺贈」には、「相続させる」遺言すなわち遺産分割方法の指定遺言（特定財産承継遺言）を含むと解されている（61ページ参照）のですから、本条の「遺贈」もそう解するべきでしょう。

1-4　配偶者居住権の評価問題

この制度ができたことにより、配偶者居住権の評価が問題になります。

それまでの建物と敷地を合わせた不動産価額が、配偶者居住権の価額と配偶者居住権という負担の付いた所有権の価額に二分されることになりますので、配偶者居住権の評価は、常に重要な争点になることが予想されるからです。

176ページの図では、例として、土地建物合わせて2000万円の不動産の内訳として、配偶者居住権を1000万円、その負担付きの所有権を1000万円にしていますが、配偶者居住権の評価は、その存続期間に影響を与える配偶者の年齢（平均余命）などにより異なることになると思われます。

そのため、簡易迅速かつ安価な配偶者居住権の評価方法として、法務

省法制審議会「民法（相続法）部会が、「長期居住権の簡易な評価方法」の試案を提示しました。これは相続人全員の同意があれば、その方法によればよいというものです。

2 審判による配偶者居住権の取得

（審判による配偶者居住権の取得）

第1029条 遺産の分割の請求を受けた家庭裁判所は、次に掲げる場合に限り、配偶者が配偶者居住権を取得する旨を定めることができる。

①共同相続人間に配偶者が配偶者居住権を取得することについて合意が成立しているとき。

②配偶者が家庭裁判所に対して配偶者居住権の取得を希望する旨を申し出た場合において、居住建物の所有者の受ける不利益の程度を考慮してもなお配偶者の生活を維持するために特に必要があると認めるとき（前号に掲げる場合を除く。）。

　これは、遺産分割が相続人間の協議でできず、調停でもできないほどこじれた場合のことになりますが、家庭裁判所が、遺産分割の審判で、配偶者に配偶者居住権を得させることができるのは、共同相続人の間で合意ができたときです。

　合意ができない場合でも、配偶者から配偶者居住権の取得を希望する旨申し出たとき、かつ、居住建物の所有者の不利益を超える配偶者の生活維持の必要があるときに限られます。

3　配偶者居住権の存続期間

（配偶者居住権の存続期間）

　第1030条　配偶者居住権の存続期間は、配偶者の終身の間とする。ただし、遺産の分割の協議若しくは遺言に別段の定めがあるとき、又は家庭裁判所が遺産の分割の審判において別段の定めをしたときは、その定めるところによる。

　配偶者居住権は、配偶者が生きている全期間、それまでの住んでいた被相続人名義であった建物に、名義が他の相続人に変わった後も、安心して住める権利なのです。

　ただし、遺言や遺産分割協議や遺産分割の審判で、期間の制限を設けた場合はそれによります。

4　配偶者居住権の登記等

（配偶者居住権の登記等）

　第1031条　居住建物の所有者は、配偶者（配偶者居住権を取得した配偶者に限る。以下この節において同じ。）に対し、配偶者居住権の設定の登記を備えさせる義務を負う。

　2 第605条の規定は配偶者居住権について、第605条の4の規定（著者注：不動産賃借人が登記を受けたときの規定）は配偶者居住権の設定の登記を備えた場合について準用する。

1項

　配偶者居住権は、居住建物の所有者に対し、配偶者居住権の設定登記の請求ができます。

2項

　配偶者居住権設定の登記がなされますと、それ以後建物の所有者が代わっても、配偶者居住権は守られます。

5　配偶者による使用および収益

（配偶者による使用及び収益）

第1032条　配偶者は、従前の用法に従い、善良な管理者の注意をもって、居住建物の使用及び収益をしなければならない。ただし、従前居住の用に供していなかった部分について、これを居住の用に供することを妨げない。

2 配偶者居住権は、譲渡することができない。

3 配偶者は、居住建物の所有者の承諾を得なければ、居住建物の改築若しくは増築をし、又は第三者に居住建物の使用若しくは収益をさせることができない。

4 配偶者が第一項又は前項の規定に違反した場合において、居住建物の所有者が相当の期間を定めてその是正の催告をし、その期間内に是正がされないときは、居住建物の所有者は、当該配偶者に対する意思表示によって配偶者居住権を消滅させることができる。

1項とただし書

配偶者居住権の対象は、それまで居住していた建物の全体に及びます。従前なら居住の用にしていなかったところまで使えます。

2項

配偶者居住権は、配偶者限りの権利ですので、譲渡はできません。

3項

増改築はいうまでもなく、第三者に使用させることもできません。

4項

以上を遵守しない場合は、所有者は、配偶者居住権を消滅させることができます。

6 居住建物の修繕等

> **条文**
>
> **（居住建物の修繕等）**
>
> **第1033条　配偶者は、居住建物の使用及び収益に必要な修繕をすることができる。**
>
> **2 居住建物の修繕が必要である場合において、配偶者が相当の期間内に必要な修繕をしないときは、居住建物の所有者は、その修繕をすることができる。**
>
> **3 居住建物が修繕を要するとき（第一項の規定により配偶者が自らその修繕をするときを除く。）、又は居住建物について権利を**

主張する者があるときは、配偶者は、居住建物の所有者に対し、遅滞なくその旨を通知しなければならない。ただし、居住建物の所有者が既にこれを知っているときは、この限りでない。

1項

配偶者は、配偶者居住権の対象になった建物が修繕を要するようになった場合、修繕ができます。

2項

配偶者が修繕をしないときは、所有者が修繕できます。

3項

配偶者は、建物が修繕を要する状態になった場合で、自ら修繕をしないときは、建物の所有者に修繕が必要になったことを通知する義務があります。

建物について、所有権等の権利を主張する者が現れたときも、その旨通知する義務があります。

7 居住建物の費用の負担

条文

（居住建物の費用の負担）

第1034条　配偶者は、居住建物の通常の必要費を負担する。

2 第583条第2項の規定は、前項の通常の必要費以外の費用に

ついて準用する。

1項

　配偶者は、建物を無償で住む権利があるとはいえ、固定資産税など通常の必要費は、自ら負担する義務があります。

2項

　配偶者が、通常の必要費を超えて費用をかけたときは、建物の所有者はその超えた分の費用の償還をする義務があります。

8 居住用建物の返還等

（居住建物の返還等）

第1035条　配偶者は、配偶者居住権が消滅したときは、居住建物の返還をしなければならない。ただし、配偶者が居住建物について共有持分を有する場合は、居住建物の所有者は、配偶者居住権が消滅したことを理由としては、居住建物の返還を求めることができない。

2 第599条第1項及び第2項並びに第621条の規定は、前項本文の規定により配偶者が相続の開始後に附属させた物がある居住建物又は相続の開始後に生じた損傷がある居住建物の返還をする場合について準用する。

1項

　1項は、配偶者居住権が消滅すれば、配偶者は建物を所有者に返還しなければなりませんが、その建物に配偶者が共有権をもっているときは、その必要はないという規定です。

2項

　配偶者が亡くなったときも同じです。

　なお、通常なら、配偶者の死亡の時が、配偶者居住権の消滅の時になります。

9　使用貸借及び賃貸借の規定の準用

（使用貸借及び賃貸借の規定の準用）

　第1036条　第597条第1項及び第3項、第600条、第613条並びに第616条の2の規定は、配偶者居住権について準用する。

　本条は、配偶者居住権も、使用貸借や賃貸借と同じく他人の所有する建物を使用する権利ですので、それに関する規定が準用されることを定めたものです。

第2節　配偶者短期居住権

1　配偶者短期居住権

条文

（配偶者短期居住権）

第1037条　配偶者は、被相続人の財産に属した建物に相続開始の時に無償で居住していた場合には、次の各号に掲げる区分に応じてそれぞれ当該各号に定める日までの間、その居住していた建物（以下この節において「居住建物」という。）の所有権を相続又は遺贈により取得した者（以下この節において「居住建物取得者」という。）に対し、居住建物について無償で使用する権利（居住建物の一部のみを無償で使用していた場合にあっては、その部分について無償で使用する権利。以下この節において「配偶者短期居住権」という。）を有する。ただし、配偶者が、相続開始の時において居住建物に係る配偶者居住権を取得したとき、又は第891条の規定に該当し若しくは廃除によってその相続権を失ったときは、この限りでない。

①居住建物について配偶者を含む共同相続人間で遺産の分割をすべき場合遺産の分割により居住建物の帰属が確定した日又は相続開始の時から6箇月を経過する日のいずれか遅い日

②前号に掲げる場合以外の場合第3項の申入れの日から6箇月を経過する日

2　前項本文の場合においては、居住建物取得者は、第三者に対する居住建物の譲渡その他の方法により配偶者の居住建物の使用

を妨げてはならない。
3 居住建物取得者は、第 1 項第 1 号に掲げる場合を除くほか、い つでも配偶者短期居住権の消滅の申入れをすることができる。

1 項

　配偶者短期居住権というのは、配偶者居住権のような終生居住できる権利ではなく、一定期間に限って暫定的に居住が許される権利です。

　その成立要件は、①被相続人の財産であった建物で、②配偶者が相続開始時に無償で居住していたことです。

　配偶者短期居住権の内容は、それまで住んでいた場所に限った無償使用権です。配偶者居住権のような必要費（固定資産税など）の負担もしません。この権利が、短期間の一時的な権利だからです。

　配偶者短期居住権が消滅する場合があります。

　その一は、配偶者が、相続開始の時において配偶者居住権を取得した時（配偶者居住権の遺贈が考えられます。）です。これは、配偶者短期居住権を認める必要がないからです。

　その二は、配偶者が相続人の適格性を失ったときや相続人から廃除されたときです。相続人資格のない者は、相続に関する権利が一切認められないからです。

　配偶者短期居住権の存続期間の終期は、遺産分割で居住建物の取得者が決まった日又は相続開始の時から 6 か月を経過した日のいずれか遅い日までです。

2項

居住建物の所有権を取得した者は、建物を第三者に譲渡するなどして配偶者短期居住権を侵害する行為をしてはなりません。

3項

配偶者短期居住権は、自動的に消滅することはなく、遺産分割で居住建物の取得者が決まった日又は相続開始の時から6か月を経過した日のいずれか遅い日以後に、建物の所有者から、消滅の申入れを受けるまで存続します。

 補説

1-1 趣旨

配偶者居住権は、配偶者の恒久的な権利として制度化されたものですが、この権利が遺言によって遺贈された場合は、すぐに権利の行使ができます。配偶者居住権を遺産分割によって配偶者が取得する場合、配偶者は、相続開始時から遺産分割時まで、それまでの住居に居住できる権利というものはありません。そこで、少なくともその間は、配偶者を不安なくそれまでの居宅に住まわせてあげる必要が生じ、平成30年改正法は、配偶者の短期間に限った居住権を認めたのです。

そのほか、配偶者が配偶者居住権を取得できない場合にも、一定期間配偶者をそれまでの住居に生活させてあげる必要があり、平成30年改正法は、遺産分割または相続開始時から6か月が経過するまでのいずれか遅い日までの暫定的な権利として、配偶者短期居住権を創設したのです。

2 配偶者による使用

（配偶者による使用）

第1038条 配偶者（配偶者短期居住権を有する配偶者に限る。以下この節において同じ。）は、従前の用法に従い、善良な管理者の注意をもって、居住建物の使用をしなければならない。

2 配偶者は、居住建物取得者の承諾を得なければ、第三者に居住建物の使用をさせることができない。

3 配偶者が前二項の規定に違反したときは、居住建物取得者は、当該配偶者に対する意思表示によって配偶者短期居住権を消滅させることができる。

配偶者短期居住権を取得した配偶者には、善良なる管理者の注意義務（「善管注意義務」といいます。）をもって、建物を使用しなければなりません。

第三者に建物を使用させてはなりません。

配偶者がこれらの義務に違反すると、建物を取得した者は、配偶者短期居住権を消滅させることができます。

3　配偶者居住権の取得による配偶者短期居住権の消滅

（配偶者居住権の取得による配偶者短期居住権の消滅）

第 1039 条　配偶者が居住建物に係る配偶者居住権を取得したときは、配偶者短期居住権は、消滅する。

　配偶者が、遺産分割で、配偶者居住権を所得すれば、配偶者短期居住権を存続させる必要はなくなるので、いわば混同によって自動的に消滅します。

4　居住建物の返還等

（居住建物の返還等）

第 1040 条　配偶者は、前条に規定する場合を除き、配偶者短期居住権が消滅したときは、居住建物の返還をしなければならない。ただし、配偶者が居住建物について共有持分を有する場合は、居住建物取得者は、配偶者短期居住権が消滅したことを理由としては、居住建物の返還を求めることができない。

2 第 599 条第 1 項及び第 2 項（著者注：附属物の収去）並びに第 621 条の規定（著者注：原状回復義務）は、前項本文の規定により配偶者が相続の開始後に附属させた物がある居住建物又は相続の開始後に生じた損傷がある居住建物の返還をする場合について準用する。

1項

　配偶者は、配偶者居住権の取得以外の理由で、配偶者短期居住権が消滅したときは、居住建物をその所有者に返還しなければなりません。ただし、配偶者が建物につき共有持分を持っている場合は、返還しなくともかまいません。それは、共有持分権を根拠に建物の使用ができるからです。

2項

　配偶者は、配偶者短期居住権がなくなったとき、配偶者が附属させた物を収去する義務があり、また、原状回復義務があります。

5　使用貸借等の規定の準用

（使用貸借等の規定の準用）

第1041条　第597条第3項、第600条、第616条の2、第1032条第2項、第1033条及び第1034条の規定は、配偶者短期居住権について準用する。

　配偶者短期居住権は、建物の無償使用権ですので、民法の使用貸借等の規定が準用され、配偶者の死亡で消滅することや、配偶者が所有者に対して負う損害賠償債務や配偶者が建物にかけた有益費の償還請求権の時効期間が1年間であるなどが定められています。

第9章

遺留分

1 遺留分の帰属と遺留分割合

（遺留分の帰属及びその割合）

第1042条 兄弟姉妹以外の相続人は、遺留分として、次条第一項に規定する遺留分を算定するための財産の価額に、次の各号に掲げる区分に応じてそれぞれ当該各号に定める割合を乗じた額を受ける。

①直系尊属のみが相続人である場合 3/1

②前号に掲げる場合以外の場合 1/2

2 相続人が数人ある場合には、前項各号に定める割合は、これらに第900条及び第901条の規定（著者注：法定相続分のこと）により算定したその各自の相続分を乗じた割合とする。

1項、2項

⑴遺留分とは、一定範囲の相続人が受けることのできる、最低限の相続権というべき権利です。

⑵遺留分を有する相続人（遺留分権利者）は、配偶者と子と直系尊属だけです。兄弟姉妹には遺留分はありません。

⑶遺留分の割合は、直系尊属だけが相続人である場合は1/3、それ以外の場合（配偶者だけ・子だけ・配偶者と子が相続人になる場合・配偶者と直系尊属が相続人になる場合）は、1/2です。

遺留分権利者		遺留分割合
配偶者		1/2
子		1/2
直系尊属	直系尊属のみが相続人の場合	1/3
	配偶者と共同相続する場合	1/2

　(4)　遺留分は、金額で表示する必要があり、次の算式で算出されることになります。

$$遺留分額＝遺留分算定の基礎財産額×遺留分割合×法定相続分$$

2　遺留分を算定するための財産の価額

第1043条

1　遺留分を算定するための財産の価額は、被相続人が相続開始の時において有した財産の価額にその贈与した財産の価額を加えた額から債務の全額を控除した額とする。

2　条件付きの権利又は存続期間の不確定な権利は、家庭裁判所が選任した鑑定人の評価に従って、その価格を定める。

1項

　前条において、遺留分額を算出する場合の「遺留分算定の基礎財産額」は、

> 相続開始時財産額＋贈与額－債務額

の計算式で算出された金額になります。

なお、ここでいう贈与の内容と範囲は、次条である第1044条に定められています。

2項

遺留分算定の基礎財産額の算定には、相続財産個々の評価が必要ですが、条件付きの権利や存続期間の不確定な権利など評価の難しい財産は、家庭裁判所が評価するのではなく、家庭裁判所が選任した鑑定人の評価に従って、その価格を定めることになっています。

3 贈与の範囲

第1044条 贈与は、相続開始前の1年間にしたものに限り、前条の規定によりその価額を算入する。当事者双方が遺留分権利者に損害を加えることを知って贈与をしたときは、1年前の日より前にしたものについても、同様とする。

2 第904条の規定は、前項に規定する贈与の価額について準用する。

3 相続人に対する贈与についての第一項の規定の適用については、同項中「1年」とあるのは「10年」と、「価額」とあるのは「価額（婚姻若しくは養子縁組のため又は生計の資本として受けた贈与の価額に限る。）」とする。

1項

前条の贈与の範囲は、次のものになります。

贈与の範囲	
原則	相続開始前1年間になされたもの
例外	贈与者（被相続人）受贈者とも、遺留分権利者に対して損害を加えることを知ってした贈与は1年前の日より前にしたものを含む

2項

贈与の価額は、贈与時の価額としないで、相続開始時の価額にしています。

3項

相続人への贈与は、次のものになります。

贈与の範囲	
原則	相続開始前10年間になされた、婚姻若しくは養子縁組のため又は生計の資本として受けた贈与
例外	贈与者（被相続人）受贈者とも、遺留分権利者に対して損害を加えることを知ってした贈与は10年前の日より前にしたものを含む

4 負担付贈与がなされた場合の価額

条文

第 1045 条 負担付贈与がされた場合における第 1043 条第 1 項に規定する贈与した財産の価額は、その目的の価額から負担の価額を控除した額とする。

2 不相当な対価をもってした有償行為は、当事者双方が遺留分権利者に損害を加えることを知ってしたものに限り、当該対価を負担の価額とする負担付贈与とみなす。

1 項

例えば、2000 万円の価額の不動産を、妻が亡くなるまで妻に月 10 万円ずつの生活費を支払うという負担付きで贈与する場合、

> 贈与の額 = 2000 万円 − 負担の額

になるというものです。

負担の額は、通常、関係者の合意又は鑑定によって定めることになると思われます。

2 項

不相当に安い金額で物品を売ったような場合、例えば、父が時価 1000 万円の財産を、長男に 400 万円で売却したような場合は、その売却が他の子や配偶者など遺留分権利者に損害を加えることを知ってしたときに限り、通常の売買契約とは扱われず、1000 万円から 400 万円を

控除した差額の 600 万円が贈与されたものと扱われます。

　そのような害意がない売買にあっては、たとえ不相当に安い金額で売ったとしても、負担付贈与にはなりません。

5　遺留分侵害額の請求

（遺留分侵害額の請求）

　第 1046 条　遺留分権利者及びその承継人は、受遺者（特定財産承継遺言により財産を承継し又は相続分の指定を受けた相続人を含む。以下この章において同じ。）又は受贈者に対し、遺留分侵害額に相当する金銭の支払を請求することができる。

　2 遺留分侵害額は、1042 条の規定による遺留分から第 1 号及び第 2 号に掲げる額を控除し、これに第 3 号に掲げる額を加算して算定する。

　①遺留分権利者が受けた遺贈又は第 903 条第 1 項（著者注：特別受益に関する規定）に規定する贈与の価額

　②第 900 条から第 902 条（著者注：法定相続人と推定相続人に関する規定）まで、第 903 条及び第 904 条の規定（著者注：特別受益者の具体的相続分に関する規定）により算定した相続分に応じて遺留分権利者が取得すべき遺産の価額

　③被相続人が相続開始の時において有した債務のうち、第 899 条の規定により遺留分権利者が承継する債務（次条第 3 項において「遺留分権利者承継債務」という。）の額

1項

　画期的な制度の創設です。平成30年改正前の相続法は、遺留分が侵害された場合の、遺留分権利者に認められた権利は、遺留分侵害の対象になった財産から、遺留分侵害割合の共有持分権を取り戻すだけでした。これが、長年使い慣らされた「遺留分減殺請求権」という言葉です。

　しかし、遺留分減殺請求権を認めた結果は、財産を遺留分権利者と受遺者・受贈者とが共有するだけの効果しかなく、抜本的解決になりませんでした。

　そこで、平成30年改正法は、遺留分減殺請求に代えて、遺留分侵害額の請求、つまりは金銭請求権を認めるに至ったのです。

　大きな改正です。

改正前	改正後
遺留分減殺請求 （財産の共有部分の取得）	遺留分侵害額の請求

2項

　遺留分侵害額の算出計算方法を定めた判例を条文化した規定です。

　その計算式は次のとおりです。

> 遺留分侵害額
> ＝遺留分額−遺留分権利者自身が（得た遺贈又は贈与の額＋遺産分割で取得する遺産額）＋遺留分権利者が負担する債務の額

　1項の「受遺者」（特定財産承継遺言により財産を承継し又は相続分の指定を受けた相続人を含む。以下この章において同じ。）という言葉

の意味

　「受遺者」というと、通常なら遺贈によって財産を取得した者のことですが、遺留分を侵害するのは、遺贈だけでなく相続人への特定財産承継遺言（遺産分割方法の指定遺言）や相続分の指定もありますので、このような規定ぶりにしたのです。

6　受遺者又は受贈者の負担額

条文

（受遺者又は受贈者の負担額）

第1047条　受遺者又は受贈者は、次の各号の定めるところに従い、遺贈（特定財産承継遺言による財産の承継又は相続分の指定による遺産の取得を含む。以下この章において同じ。）又は贈与（遺留分を算定するための財産の価額に算入されるものに限る。以下この章において同じ。）の目的の価額（受遺者又は受贈者が相続人である場合にあっては、当該価額から第1042条の規定による遺留分として当該相続人が受けるべき額を控除した額）を限度として、遺留分侵害額を負担する。

①受遺者と受贈者とがあるときは、受遺者が先に負担する。

②受遺者が複数あるとき、又は受贈者が複数ある場合においてその贈与が同時にされたものであるときは、受遺者又は受贈者がその目的の価額の割合に応じて負担する。ただし、遺言者がその遺言に別段の意思を表示したときは、その意思に従う。

③受贈者が複数あるとき（前号に規定する場合を除く。）は、後の

贈与に係る受贈者から順次前の贈与に係る受贈者が負担する。

2 第904条、第1043条第2項及び第1045条の規定は、前項に規定する遺贈又は贈与の目的の価額について準用する。

3 前条第1項の請求を受けた受遺者又は受贈者は、遺留分権利者承継債務について弁済その他の債務を消滅させる行為をしたときは、消滅した債務の額の限度において、遺留分権利者に対する意思表示によって第1項の規定により負担する債務を消滅させることができる。この場合において、当該行為によって遺留分権利者に対して取得した求償権は、消滅した当該債務の額の限度において消滅する。

4 受遺者又は受贈者の無資力によって生じた損失は、遺留分権利者の負担に帰する。

5 裁判所は、受遺者又は受贈者の請求により、第1項の規定により負担する債務の全部又は一部の支払につき相当の期限を許与することができる。

1項

　この規定は、遺留分侵害額を負担する者（債務者）の順位を定めた規定です。

　その順位は、次のとおりです。

1号	受遺者と受贈者があるときは、受遺者が先に負担する。
2号	受遺者が複数あるときは、受遺者全員が遺贈の目的の価額の割合で、負担する。

2号	受贈者が負担することになる場合で、しかも受贈者が複数ある場合、	その贈与が同時になされたものであるときは、受贈者がその目的の価額の割合で負担する。
3号		贈与の時期が異なるときは、後の贈与に係る受贈者から順次前の贈与に係る受贈者が負担する。

ただし、遺言者が遺言で別段の意思表示をしていたとき（例えば、「この遺言によって長女の遺留分を侵害している場合は、妻ではなく長男から先に侵害額を支払うこと」と遺言書に書いていたとき）はその意思に従うこと、

が定められています。

2項

他の規定を準用した規定です。準用しているのは、第904条（贈与された財産は相続開始時にそのまま在るとする規定）、第1043条第2項（条件付財産の価額は家庭裁判所が選任した鑑定人に鑑定されるという規定）、それに第1045条（負担付贈与は負担分を控除した金額が贈与の価額になるなどとする規定）です。

3項

遺留分侵害額を支払う側に立った受遺者又は受贈者が、遺留分権利者が承継すべき債務を債権者に対し支払っていた場合は、その支払った金

額を、遺留分侵害額の支払額から差し引くことができるという規定です。

　例えば、受遺者である甲が、遺留分権利者である乙から、遺留分侵害額として1000万円の支払を請求されたとした場合、その1000万円の計算は、前述のように下記計算式で算出されますので、この1000万円の中には、「遺留分権利者が負担する債務の額」も入っていることになりますが、それを受遺者である甲がすでに債権者に支払っている場合には、その金額は、乙へ支払う遺留分侵害額から控除することができることになります。

> 遺留分侵害額
> ＝遺留分額－遺留分権利者自身が（得た遺贈又は贈与の額＋遺産分割で取得する遺産額）＋遺留分権利者が負担する債務の額

4項

　遺留分権利者が遺留分侵害額の請求権を取得しても、その請求を受ける受遺者又は受贈者が無資力者であった場合は、遺留分権利者は諦めるほかないことを定めた規定です。

5項

　裁判所は、遺留分侵害額を支払うことになる者からの請求によって、侵害額の支払期限の猶予を与えることができると定めた規定です。

7 遺留分侵害額請求権の期間の制限

（遺留分侵害額請求権の期間の制限）

第 1048 条 遺留分侵害額の請求権は、遺留分権利者が、相続の開始及び遺留分を侵害する贈与又は遺贈があったことを知った時から1年間行使しないときは、時効によって消滅する。相続開始の時から10年を経過したときも、同様とする。

本条は、遺留分侵害額請求権の時効期間を定めた規定です。

「知った時から1年間」という期間は、意外と速く経過しますので、要注意です。

8 遺留分の放棄

（遺留分の放棄）

第 1049 条 相続の開始前における遺留分の放棄は、家庭裁判所の許可を受けたときに限り、その効力を生ずる。

2 共同相続人の一人のした遺留分の放棄は、他の各共同相続人の遺留分に影響を及ぼさない。

被相続人の生前は、被相続人の影響下で遺留分を放棄する場合もあることから、遺留分の相続開始前における放棄に、裁判所の許可を必要と

したのです。

　被相続人が亡くなった後は、つまり相続開始後は、遺留分の放棄というものはありません。強いて遺留分を放棄しなくとも、遺留分侵害額の請求をしなければよいからです。

第 10 章

特別の寄与

1 特別の寄与

第1050条　被相続人に対して無償で療養看護その他の労務の提供をしたことにより被相続人の財産の維持又は増加について特別の寄与をした被相続人の親族（相続人、相続の放棄をした者及び第891条の規定に該当し又は廃除によってその相続権を失った者を除く。以下この条において「特別寄与者」という。）は、相続の開始後、相続人に対し、特別寄与者の寄与に応じた額の金銭（以下この条において「特別寄与料」という。）の支払を請求することができる。

2　前項の規定による特別寄与料の支払について、当事者間に協議が調わないとき、又は協議をすることができないときは、特別寄与者は、家庭裁判所に対して協議に代わる処分を請求することができる。ただし、特別寄与者が相続の開始及び相続人を知った時から6か月を経過したとき、又は相続開始の時から1年を経過したときは、この限りでない。

3　前項本文の場合には、家庭裁判所は、寄与の時期、方法及び程度、相続財産の額その他一切の事情を考慮して、特別寄与料の額を定める。

4　特別寄与料の額は、被相続人が相続開始の時において有した財産の価額から遺贈の価額を控除した残額を超えることができない。

5　相続人が数人ある場合には、各相続人は、特別寄与料の額に第900条から第902条までの規定（著者注：法定相続分と推定相続分に関する規定）により算定した当該相続人の相続分を乗じた額を負担する。

遺産分割の際、相続人に寄与分があれば、その寄与分は考慮されて、相続人の具体的相続分は多くなります（904の2）。

　相続人には寄与分がなくとも、その配偶者や子に寄与分があれば、その寄与分は相続人の寄与分とみなされ、その相続人の具体的相続分が多くなります。

　しかしながら、相続人（例：夫）の配偶者であった者（妻）で、かつ、相続人（夫）が死亡し子もいないような立場の人は、相続人でないため相続によって遺産をもらい受ける権利そのものがなく、したがって、寄与分も一切認められないという弱い立場に置かれていました。

　そこで、改正法は、このような立場の者を「特別寄与者」として、相続人に対する特別寄与料の請求権を認めました。

　内縁の配偶者や事実上の養子でも、本条の要件を満たすほどの特別の寄与をした人は、特別寄与分料の請求ができると解されます。

　これら特別寄与者の資格以外の要件は、第904条の2の寄与分とほぼ同じです。

改正法は、日弁連の遺言執行者観を完全否定

〜日弁連・千年の光と十有余年の闇〜

1 待望久しかった民法1015条の改正

　平成30年の相続法の改正で、民法1015条の文章が、次のとおり改められた。

改正前

民法1015条　遺言執行者は、相続人の代理人とみなす。

改正法

第1015条　遺言執行者がその権限内において遺言執行者であることを示してした行為は、相続人に対して直接にその効力を生ずる。

　この改正は、これまでの遺言執行者実務の混乱を知る者には、待望久しいものであったと思われる。それは2項以下を読まれると、一般の読者にも理解できるものである。

2 遺言執行者を、遺留分権利者（相続人）の代理人だという日弁連・懲戒委員会議決

　日弁連・懲戒委員会は、平成13年8月24日、

ア 遺言者が「全遺産を相続人Ａに相続させる。遺言執行者を甲弁護士に指定する。」と書いた遺言書を残して亡くなった。

イ 甲弁護士は、この遺言書の遺言執行者になった。

ウ 相続人Ｂは、相続人Ａに対し、遺留分減殺請求調停の申立てをした。

エ 甲弁護士は、その調停事件で、相続人Ａの代理人になった。

オ 相続人Ｂは甲弁護士に対し、相続財産（遺産）目録を作成して相続人Ｂに交付することを求めたが、甲弁護士はこれに応じなかった。

という事件で、①甲弁護士がイで遺言執行者になり、エで相続人Ａの代理人になって、相続人と遺言執行者の地位を兼任したことは、弁護士に禁止された日弁連倫理（当時の日弁連規則）26条2号の「受任している事件と利害相反する事件」につき職務を行ったことになるとして、また、②甲弁護士がオで相続人Ｂに対し遺産目録を交付しなかったことは、遺言執行者の義務に違反したとして、懲戒処分（戒告）にすべきであると議決（以下「13年議決」という。）した。

同日、日弁連は、その議決に従い、甲弁護士を懲戒処分（戒告）にした。この13年議決がつくった論点は、次の3点であった。

13年議決がつくった論点

① 遺言執行者は、相続人の代理人である。それは、民法1015条が「遺言執行者は、相続人の代理人とみなす。」と規定しているからである。

② 弁護士が、遺言執行者と受遺相続人（遺言者が遺言書で遺産を取得させた相続人）の代理人を兼任することは、「受任している

事件と利害相反する事件」につき職務を行ったことになるので許されない。

③ 相続人には、遺言執行者に対し、相続財産目録をつくって交付すること求める権利がある（民法1011条）のに、甲弁護士が相続人Bに相続財産目録を交付しなかったのは、遺言執行者の義務に違反する。

3　日弁連・総会、13年議決の論点①と②を明確に否定

(1)　①と②の論点についての日弁連・総会決議に見られる弁護士の総意

日弁連は、平成16年11月10日、臨時総会を開き、日弁連倫理（以下、「旧規程」という。）を廃止し、新たに弁護士職務基本規程（以下、「新規程」という。）を制定したが、その際、旧規程26条2号の「受任している事件と利害相反する事件」という字句は、意味内容が明確ではないという理由で、新規程28条3号で、「依頼者の利益と他の依頼者の利益が相反する事件」という表現に改正した。

その上で、日弁連・倫理委員会は、新規程28条3号の「依頼者の利益と他の依頼者の利益が相反する事件」の解釈として、弁護士が遺言執行者になり受遺相続人の代理人になる、いわゆる兼任問題を取り上げ、次のような解釈指針を明らかにした。

すなわち、「遺言執行の内容に裁量の余地がある場合は、相続人の代理人にはなれないが、遺言執行者の職務内容が裁量の余地のない場合は、弁護士は、一部の相続人の代理人になっても、新規程28条3号の「依頼者の利益と他の依頼者の利益が相反する事件」には該当しない」としたのである。

日弁連・総会の決議は、すなわち、弁護士の総意である。

(2) 遺言執行の内容に裁量の余地がある場合とない場合の意味

では、日弁連・倫理委員会のいう、「遺言執行の内容に裁量の余地がある場合」また「遺言執行者の職務内容が裁量の余地のない場合」とは、どのような場合かというと、次のとおりである。

裁量の余地がある遺言事項	裁量の余地のない遺言事項
意味	意味
遺言執行者の裁量（考え）しだいで、相続人が取得できる遺産が増減する遺言事項	遺言執行者の裁量が入る余地のない遺言事項
例	例
相続分の指定の委託 遺産分割方法の指定の委託	相続分の指定 遺産分割方法の指定 遺贈 推定相続人の廃除 認知

(3) 新規程の解釈を 13 年議決事件に適用すると

そこで、日弁連・倫理委員会が明らかにした新規程 28 条 3 号の解釈を 13 年議決事件に適用してみると、13 年議決事件の遺言内容は「全遺産を相続人Aに相続させる。」というもの（これは「相続分全部の指定」であり同時に「全遺産の遺産分割方法の指定」遺言）、すなわち、遺言執行者の裁量の余地のない遺言であったので、甲弁護士が遺言執行者と受遺相続人Aの代理人を兼任したことは、「依頼者の利益と他の依頼者の利益が相反する事件」を行ったことにはならないものであった。つま

り、13 年議決は間違った解釈をして甲弁護士を懲戒処分にしたことが明らかにされたのである。

4 遺言執行者を、遺言無効訴訟を起こした相続人の代理人だという日弁連・懲戒委員会 18 年議決

日弁連・懲戒委員会は、平成 18 年 1 月 10 日、

> ア 遺言者が、「相続させる」遺言によって相続人Cに遺産を与えた。
> イ 乙弁護士は、その遺言書の遺言執行者になった。
> ウ 乙弁護士は、相続人Dから遺産の調査を求められたが、それに応じなかった。
> エ 相続人Dから、受遺相続人Cに対し、遺言無効確認訴訟を起こしたとき、乙弁護士は、相続人Cの代理人になった。

という事件で、次の論点をつくって、乙弁護士を懲戒処分にすべきであると議決し、日弁連はこの議決に従い、同日、乙弁護士を懲戒処分（戒告）にした。

> **18年議決がつくった論点**
> ④ 遺言執行者である者が、相続人の一方の代理人になることは許されないということは、懲戒先例として確立している。
> ⑤ 遺言執行者は、相続人から委託された者であるので、相続人から遺産の調査を求められたら、遺産の調査をして相続人に報告する義務があるのに、乙弁護士はこれに違反した。

5 遺言執行者を、相続人廃除の対象になった相続人の代理人だという21年議決

日弁連・懲戒委員会は、平成21年1月13日、

> ア 遺言者は、相続人Eに相続分の指定をし、相続人Fの推定相続
>   人の廃除をする遺言書を書いて亡くなった。
> イ 相続人Gから受遺相続人Eに対する遺留分減殺請求訴訟が起こ
>   され、丙弁護士は受遺相続人Eの代理人になった。
> ウ その後、丙弁護士は、家庭裁判所から選任されて、相続人Fを
>   相続人から廃除する遺言執行者になった。

という事件で、

丙弁護士が、イで受遺相続人の代理人になりウで遺言執行者になった
ことは、「遺言執行者の職務の中立、公正さを疑わしめ、遺言執行者た
る弁護士に対する信頼、信用を害する虞を引き起こした」との理由で、
丙弁護士を懲戒処分にすべしと議決した。そして、同日、日弁連は、丙
弁護士を懲戒処分（戒告）にした。

なお、ここで、21年議決がつくった論点は、次のものであった。

> **21年議決がつくった論点**
> ⑥ 受遺相続人の代理人になった弁護士が、相続人の廃除をする遺
>   言執行者になることは、職務の中立、公正さを疑わしめること
>   になる。

なお、日弁連・懲戒委員会は、これら3議決のほかにも、平成20年

4月14日と平成26年8月20日に、弁護士が遺言執行者と受遺相続人の代理人を兼任したという理由だけで懲戒（いずれも戒告）議決をしているが、解説は割愛する。

6 法律論とは言えない法律論を唱えた日弁連・懲戒委員会議決

論点6項目に見られる日弁連・懲戒委員会の法律論は、以下のとおり、法律論としては成立しないものばかりであった。

論点① 遺言執行者は相続人の代理人か？

違う。

遺言執行者には、相続人を代理する権限がない。この一事をとっても遺言執行者が相続人の代理人でないことは明らかである。学説・判例も一致して、遺言執行者が相続人の代理人であることを否定している。代理権のない者を代理人だという背理を、学説や判例が受け入れるはずはないからである。

論点② 弁護士が遺言執行者と相続人の代理人を兼任することは、利益相反になるか？

ならない。

2項で解説したとおり、日弁連・総会は、わざわざ旧規程26条2号を新規程28条3号に改正して、裁量の余地のない遺言の遺言執行者になった弁護士が、受遺相続人の代理人と兼任しても、利益相反にならないことを明らかにしたことからも分かることである。

論点③ 相続人は遺言執行者に対し、相続財産目録の交付を求める

権利があるか？

　ない。

　遺言執行者が相続財産目録を作成して相続人に交付する規定（1011）はあるが、これは遺言執行のため（1012）、相続人に遺言執行を妨害させないため（1013）、したがって遺言執行者が遺言執行の対象にする遺産（1014）に限ってであり、相続人に対する義務ではない（これは、有斐閣・注釈民法（28）の 1011 条の箇所にも、1014 条の箇所にも書かれていることである。）。

　相続人には遺言執行者に対し遺産目録を作成・交付することを請求する権利はない（名古屋家裁平成 7 年 10 月 3 日審判）。

論点④「遺言執行者である者が相続人の一方の代理人になることは許されないということは懲戒先例として確立している」と言えるか？

　言えない。

　間違った先例として 13 年議決があるだけである。

　13 年議決は 16 年の日弁連・総会での旧規程の廃止と新規程の制定でもって明確に否定された。なお、日弁連・懲戒委員会は日弁連規則を適用する日弁連内の司法機関であるが、日弁連・総会は日弁連内の立法機関である。立法機関のいう立法趣旨に反する司法判断を、司法機関がすることは許されない。

論点⑤　遺言執行者は、相続人から委託された者であるのか？
また、遺言執行者は、相続人から調査を求められると、遺産調査をして相続人に報告する義務があるか？

　前者は違う。後者について義務はない。

　遺言執行者は、相続人から委託された者ではない。

遺言執行者は、遺言者が指定する（1006）か、遺言者が指定の委託をした第三者が指定するか（1006）、利害関係人の請求によって家庭裁判所が選任する（1010）方法でしか就任できないのである。

　また、遺言執行者は相続人から遺産の調査を求められても、調査をする義務はない。

　遺言執行者は、遺言者の意思を実現する者であって、遺言執行と関係のないことを相続人から求められても、それに応える義務はないのである。（名古屋家裁平成7年10月3日審判）

論点⑥ 受遺相続人の代理人になった弁護士が、相続人の廃除をする遺言執行者になることは、職務の中立、公正さを疑わせることになると言えるか？

　言えない。

　ここでの日弁連・懲戒委員会の論立ても、裁量の余地のない遺言執行を、裁量権を行使して（中立・公正に）行えという背理の論立てである。

　存在しない裁量権は、行使すること不可能だからである。

　また、相続人廃除の際の「中立」や「公正」という言葉は、定義付けのできないレトリック（修辞）である。どうすれば相続人廃除が中立・公正にできるのか、日弁連・懲戒委員会にも回答ができないからである。

　さらに、相続人廃除が、中立でも公正でもないとしても、それは遺言の内容（遺言者の意思）であって、遺言執行の方法（遺言執行者の意思）ではない。

　背理を用い、定義付け不能なレトリックを使い、遺言者の意思を遺言執行者の意思とする論立ては、法律家のする論立てではない。

なお、21 年議決事件の対象弁護士は、横浜家庭裁判所から遺言執行者に選任された者であるが、同家庭裁判所も、東京高等裁判所も、相続人からなされた同弁護士に対する遺言執行者解任請求を、理由はないとして認めなかったことを付言しておく。

　以上から見える日弁連・懲戒委員会の遺言執行者観を整理すると、次のようになる。謬説は一つ。謬論は二方向に向かっている。

謬説	遺言執行者は相続人の代理人である。
謬説の元	民法 1015 条が「遺言執行者は、相続人の代理人とみなす。」と規定しているからである。
謬論の一	・遺言執行者（代理人）は、相続人（本人）と争ってはならない。したがって、 遺留分権利者である相続人と争ってはならない（13 年議決）。 遺言無効確認訴訟の原告となった相続人と争ってはならない（18 年議決）。 相続人廃除の対象になった相続人と争ってはならない（21 年議決）。
謬論の二	・遺言執行者（代理人）は、相続人（本人）の命令には従わなければならない。したがって、 相続財産目録を作れと命じられれば作る義務がある(13 年議決)。 遺産の調査を命じられれば、遺産を調査し報告する義務がある（18 年議決）。

7 学説や判例のいう遺言執行者観

　学説や判例は全て、遺言執行者は遺言者に代わって遺言を実現する者と考えている。また、遺言執行者が相続人の代理人であることを否定している。

　すなわち、

(1) 学説の説くところ

　相続法の権威者である故中川善之助の著書「相続法」（有斐閣・法律学全集24）は、名著であるが、この中に、「遺言執行者は誰のために執行の事務を行うのか。最も常識的に考えれば、執行者は、遺言者に代わって、遺言を実現させる者といえよう。廃除の場合など、明らかに父に代わって子の相続権を剥奪しようとするのである。」と書かれている。他の学説も同じである。

　遺言執行者を、相続人の代理人だという学説は、著者の知る限り皆無である。

　なお、教科書の代表格ともいうべき下記書籍には、民法1015条については、次のように書かれている。

中川善之助の「相続法」	いわゆる相続人代理説（は）、……世界の学会では、つとに問題とされ、ほとんど葬り去られたに近い学説である。
新版注釈民法 (28)	（民法1015条の）構成は、多くの論者の指摘するように、必ずしも十全な構成とはいえない。……本条の主たる意味は、遺言執行者の行為の効果が相続人に帰属することを明らかにしたものと考えるべきことになる。

(2) 判例の説くところ

判例も、大審院時代から「遺言執行者を設くるは、遺言が適正に執行せられることを目的とし主として受遺者の利益を保護するの趣旨に出でたるもの」(大審院昭和13年2月26日判決より) としている。

遺言執行者を相続人の代理人だといった判例も皆無である。

8 日弁連・懲戒委員会議決が引き起こした遺言執行者実務の混乱

日弁連・懲戒委員会の懲戒議決は、次のような混乱を引き起こした。

> ### a 弁護士が遺言執行者になった場合に経験すること
>
> ・弁護士が、遺言執行者になると、相続人から、遺産の調査や遺産目録の作成・交付を求められることがある。これは遺言執行者になったことのある多くの弁護士が経験することである。その場合、弁護士は、その要求に応じなければ、懲戒処分を受けることになる (13年議決や18年議決) ので、調査をして目録を作ろうとする。しかし、遺言執行者に遺産調査の能力があるとは限らない。相続人が、遺言執行者のした調査や作成した相続財産目録に不満の意を伝えたうえで、追加の調査を要求することがある。それだけではなく、弁護士がなすべきことを具体的に指定して、その行為 (要は、使い走りに類した行為) を執拗に求めることもある。
>
> ・これは著者が遺言執行者になった弁護士から聞いたことであるが、その弁護士は、相続人からの要求に応えなかった理由で、激しい非難を浴びせられ、連日書面で抗議されることになり、ついには、警察署から呼び出しまで受けることになった。警察から呼び出しを受けるなど、まるで被疑者扱いである。この弁護士は、担当刑事には

御用があるなら事務所までおいでいただきたいと応じ、それだけで終わったが、その直後家裁の許可を得て、遺言執行者を辞任した。

・これは、遺言執行者実務を支える弁護士に降りかかった被害の一例であるが、遺言執行者実務の混乱は、こんなものにとどまらない。

次に述べる混乱は、遺言書は書いたが、遺言執行者を指定していなかった場合の、想定上のトラブルである。

b　考え得るトラブル

・日弁連・懲戒委員会の謬説と謬論を前提にすると、相続人は遺言執行者に遺産目録の交付請求権があることになるので、利害関係者として遺言執行者の選任の申立てができることになる。

選任された遺言執行者の仕事は、受遺相続人が取得した遺産について、受遺相続人に対し、開示を求めることになる。

遺言執行者の後ろには遺言執行者の選任を申し立てた相続人がいて、遺言執行者にあれこれと指示を出す。そうなると、遺言執行者は、あたかもその相続人のアゴで使われる者になりさがり、受遺相続人と対立する。

・これは、遺言者には、想像もつかないことである。

そのような遺言執行者実務の現実を知ると、遺言書を書こうとする人は、激減するであろう。

遺言制度そのものを崩壊せしめることになるであろう。

9　日弁連千年の光と十有余年の闇

日弁連には、実に優秀な法律家が雲集し、わが国の司法制度の維持・

発展に赫々たる業績を挙げている。

　それは日弁連千年の光と称揚されてもよいほどの業績であるが、日弁連の会長名で発せられた遺言執行者観（日弁連・懲戒委員会の議決に基づく日弁連の裁決）という点景を見れば、そこだけは闇に覆われている。

　平成13年の議決以来の闇である。その闇とは、遺言執行者を相続人の代理人だという謬説が作り出した闇であることはいうまでもない。

　しかし、今次の相続法の改正は、謬説の根拠を断った。

　令和時代の相続法には、遺言執行者を相続人の代理人だと錯覚させる規定はなくなったのである。

　これまで、日弁連・懲戒委員会は、わずか十数名の委員だけで、遺言執行者を相続人の代理人であるとの謬説を信奉し、また、全弁護士4万人から成る日弁連・総会決議を無視して、弁護士の懲戒を続けてきた。

　しかし、今次の民法改正は、国会決議による国民の総意である。

　国民の総意は、遺言執行者は遺言執行をする者であり、遺言書によって不利益を受ける相続人の代理人ではないと言っているのである。

　これからも、弁護士は、遺言者の意思を実現するため、遺言執行者になるであろう。また、遺言者の意思に添うべく、受遺相続人の代理人になって、遺言の効力を争う相続人らを相手に訴訟を行うであろう。

　このような弁護士に対し、日弁連・懲戒委員会が、なお懲戒議決を続け、日弁連が懲戒裁決を続ける限り、前述のような遺言執行者実務の混乱は収まらない。

　混乱が収まらないと、遺言制度そのものが崩壊の危機に瀕することになる。

　しかし、優秀な法律家からなる日弁連・懲戒委員会のことだ。

　今次の法律改正を見れば、これまでの遺言執行者観を捨てる決断がなされることと信じたい。

要点解説令和時代の相続法

2019 年 7 月 15 日 初版第 1 刷

著　者 ───────── 菊池捷男

発行者 ───────── 坂本桂一

発行所 ───────── 現代書林

　　　　　　　　〒162-0053　東京都新宿区原町 3-61 桂ビル

　　　　　　　　TEL ／代表　03 (3205) 8384

　　　　　　　　振替 00140-7-42905

　　　　　　　　http://www.gendaishorin.co.jp/

デザイン ─────── 中曽根デザイン

印刷・製本：(株) シナノパブリッシングプレス　　　　定価はカバーに
乱丁・落丁はお取り替えいたします。　　　　　　　　表示してあります。

ISBN978-4-7745-1791-9 C0032